Ivan Sergeevich Turgenev

Punin und Baburin

Ivan Sergeevich Turgenev

Punin und Baburin

ISBN/EAN: 9783744644334

Hergestellt in Europa, USA, Kanada, Australien, Japan

Cover: Foto ©ninafisch / pixelio.de

Weitere Bücher finden Sie auf **www.hansebooks.com**

...rin und Baburin.

Von

... Ich bin jetzt alt und krank und häufiger denn je sinne ich nach über den Tod, der mit jedem Tage näher an mich herantritt. Selten denke ich an die Vergangenheit, selten wendet meines Geistes Blick sich rückwärts. Doch bisweilen — des Winters, wenn ich regungslos vor dem lohenden Kaminfeuer sitze; des Sommers, wenn ich leisen Schrittes in der schattigen Allee auf und nieder gehe — werden in mir Erinnerungen wach an frühere Zeiten, Ereignisse, Personen. Aber nicht bei dem reifen Abschnitt meines Lebens und nicht bei den Jünglingsjahren bleiben dann meine Gedanken haften. Sie versetzen mich entweder in die früheste Kindheit oder in die erste Knabenzeit. So auch jetzt: ich sehe mich als zwölfjährigen Knaben auf dem Lande bei meiner strengen und zänkischen Großmutter und da treten vor meinen Geist zwei Gestalten...

Doch ich will ordnungsmäßig und zusammenhängend erzählen.

I.
(1830).

Unser alter Lakai Philipp, das Halstuch nach Art einer Rosette geknüpft, die Lippen fest zusammengepreßt — „um nur ja keinen überflüssigen Hauch von sich zu geben" — mitten auf der Stirn einen grauen Haarbüschel, trat wie gewöhnlich auf den Zehen ins Zimmer, verneigte sich und übergab der Großmutter auf einem eisernen Präsentierteller einen großen, mit einem Wappensiegel versehenen Brief.

Die Großmutter setzte die Brille auf und las den Brief durch...

„Ist er selbst da?" fragte sie.

„Wie belieben?" sagte Philipp schüchtern.

„Einfältiger Mensch! Der welcher den Brief gebracht — ist der noch da?"

„Der=e, der=e... sitzt im Geschäftszimmer."

Die Großmutter klapperte mit ihrem Bernsteinrosenkranze...

„Laß ihn eintreten... und du, Bürschchen," wandte sich die Großmutter an mich: „verhalt dich ruhig."

Ich rührte mich ohnehin nicht in meinem Winkelchen, auf dem mir angewiesenen Tabouret.

Ich wurde sehr streng gehalten von der Großmutter.

Fünf Minuten später trat ins Zimmer ein Mann von beiläufig fünfunddreißig Jahren, mit schwarzem Haar, braunem blatternarbigem Gesicht, vorstehenden Backenknochen, hakenförmiger Nase und dichten Brauen, unter welchen ruhig und wehmüthig kleine graue Augen hervorblickten. Die Farbe und der Ausdruck dieser Augen harmonirten nicht mit dem orientalischen Schnitt des übrigen Gesichts. Bekleidet war der Eingetretene mit einem altfränkischen, langschößigen Ueberrock. Er blieb an der Thür stehen und neigte — nur den Kopf.

„Dein Name ist Baburin?" fragte die Großmutter und setzte für sich hinzu: „Il a l'air d'un arménien!"

„Jawol," antwortete dieser mit hohler, eintöniger Stimme.

Bei dem ersten Worte der Großmutter, bei dem „dein" zuckten seine Brauen leicht zusammen. Hatte er etwa erwartet, sie werde ihn mit „Sie" anreden? —

„Bist du ein Russe? Und rechtgläubig?"

„Jawol."

Die Großmutter nahm die Brille von der Nase und musterte ihn mit zögerndem Blicke vom Kopfe bis zu den

Füßen. Er schlug dabei die Augen nicht zu Boden, er legte nur die Hände auf den Rücken.

Mich interessirte vor allem sein Kinn: es war ganz glatt rasirt... so bläuliche Wangen und ein solches Kinn hatte ich noch niemals gesehen!

„Jakob Petrowitsch," begann die Großmutter von neuem, „empfiehlt dich in seinem Briefe als einen nüchternen und arbeitsliebenden Menschen. Aber warum bist du von ihm fortgegangen?"

„Er, gnädige Frau, braucht in seiner Wirthschaft Leute von anderer Art."

„Von anderer... Art? Das versteh' ich nicht."

Die Großmutter klapperte wieder mit dem Rosenkranz.

„Jakob Petrowitsch schreibt mir, du hättest zwei Seltsamkeiten an dir. Was sind das für Seltsamkeiten?"

Baburin zuckte leicht die Achseln.

„Ich kann nicht wissen, was er Seltsamkeiten zu nennen beliebte. Vielleicht die Eigenheit, daß ich keine ... körperliche Züchtigung dulde."

Die Großmutter gerieth in Erstaunen.

„Wie, hat Jakob Petrowitsch dich züchtigen wollen?"

Das dunkle Gesicht Baburins ward roth bis hinauf unter die Haare.

„Sie haben mich nicht richtig verstanden, gnädige Frau. Es ist Grundsatz bei mir, keine körperlichen Züchtigungen anzuwenden... gegenüber den Bauern."

Die Großmutter gerieth noch mehr in Erstaunen; sie hob vor Verwunderung sogar die Hände empor.

„Ah!" sagte sie endlich, und das Haupt ein wenig zur Seite neigend betrachtete sie sich Baburin noch einmal scharf und aufmerksam. — „Das ist Grundsatz bei dir? Nun, mir ist das völlig gleichgültig. Ich brauche keinen Verwalter, sondern einen Comptoiristen, einen Schreiber. Was für eine Handschrift hast du?"

„Ich schreibe eine schöne Hand, und ohne orthographisc[he]
Fehler."

„Auch das ist mir gleichgültig. Die Hauptsache [ist]
mir, daß leserlich geschrieben wird, und ohne diese neu[en]
Anfangsbuchstaben mit Schwänzchen; die mag ich nic[ht]
leiden. Und nun, was ist deine zweite Seltsamkeit?"

Baburin wurde verlegen, er begann zu hüsteln...

„Vielleicht... vielleicht will der Herr Gutsbesitzer d[amit]
mit andeuten, daß ich nicht allein bin."

„Du bist verheirathet?"

„Keineswegs... aber..."

Die Großmutter runzelte die Stirn.

„Mit mir lebt eine Person... männlichen Geschlech[ts]
... mein Kamerad, ein armer Mensch, von dem ich mi[ch]
nicht trenne... schon an die zehn Jahre sind wir z[u]
sammen."

„Ist's ein Verwandter von dir?"

„Nein, kein Verwandter... mein Kamerad. Und [Un]
quemlichkeiten können durch ihn der Wirthschaft in kein[er]
Weise erwachsen," beeilte sich Baburin hinzuzufügen, a[ls]
wollte er einer Weigerung vorbauen. „Er lebt auf mei[ne]
Kosten, wohnt mit mir in einem Zimmer und wird eh[er]
Vortheil als Schaden bringen, da er, ohne Schmeichel[ei]
gesagt, des Lesens und Schreibens vollkommen kund[ig]
und von musterhafter Sittlichkeit ist."

An den Lippen kauend und mit den Augen blinzeln[d]
hörte die Großmutter Baburin zu.

„Er lebt also auf deine Kosten?"

„Auf meine Kosten."

„Und du ernährst ihn aus Barmherzigkeit?"

„Aus Pflichtgefühl... denn es ist des Armen Pflich[t]
einem andern Armen zu helfen."

„Sieh mal an! Das hör' ich zum ersten Mal! Bi[s]
her war ich der Ansicht, das sei vielmehr die Pflicht d[er]
reichen Leute."

„Für die Reichen, erlaube ich mir zu bemerken, ist das eine Zerstreuung ... aber für unsereins ..."

„Genug, genug! Schon gut!" unterbrach ihn die Großmutter, versank einen Augenblick in Nachdenken und murmelte dann, was stets ein böses Zeichen war, durch die Nase: „Und wie alt ist er, dein Kostgänger?"

„So alt wie ich."

„So alt wie du? ... War ich doch der Meinung, er sei dein Zögling!"

„Durchaus nicht; er ist mein Kamerad, und zudem ..."

„Genug!" unterbrach ihn die Großmutter zum zweiten Mal. „Ich sehe, du bist ein Philanthrop. Jakob Petrowitsch hat recht: für einen Menschen in deinen Verhältnissen ist das eine große Seltsamkeit. Aber reden wir jetzt von andern Dingen. Ich will dir auseinandersetzen, was deine Beschäftigungsein wird. Was den Lohnpunkt anbelangt ... Que faites vous ici?" fuhr mich plötzlich die Großmutter an, indem sie mir ihr vertrocknetes, gelbes Gesicht zuwandte. „Allez étudier votre devoir de mythologie."

Ich sprang auf, küßte der Großmutter die Hand und eilte hinaus — nicht um Mythologie zu studiren, sondern grades Weges in den Garten.

* * *

Der Garten, welcher zu dem Gute meiner Großmutter gehörte, war sehr alt und groß. An der einen Seite war er begrenzt von einem Teiche mit fließendem Wasser, in welchem sich nicht blos Karauschen und Grünblinge befanden, sondern auch Schmerlen, ausgezeichnete, jetzt fast überall verschwundene Schmerlen. Am Rande dieses Teiches stand ringsum dichtes Weidengebüsch und höher hinauf zog zu beiden Seiten der Böschung festverschlungenes, unten mit Haidekraut und Goldlack durchwachsenes Hasel-, Flieder-, Geißblatt- und Dorngesträuch sich hin. Hier schlugen im Frühling die Nachtigallen, sangen die

Drosseln und ertönten des Kuckuks Rufe, hier auch fan'
man in der Schwüle des Sommers erquickende Frische —
und wie gern verlor ich mich in dieses Dickicht, worin
ich einige geheime Lieblingsplätzchen hatte, von denen
außer mir — so bildete ich mir wenigstens ein — nie
mand in der Welt etwas wußte!

Als ich aus dem Zimmer der Großmutter kam, rich
tete ich meine Schritte gerade nach einem dieser Plätzche:
— „meine Schweiz" hatte ich es getauft. Aber wie gro
war mein Erstaunen, als ich, noch bevor ich in de
„Schweiz" angelangt war, durch das dichte Gewind
abgestorbener Reiser und grüner Zweige hindurch gewahrte
daß außer mir noch sonst jemand darum wußte! Dort
mitten auf meinem Lieblingsplätzchen, stand nämlich ein
lange, lange Gestalt, um die Schultern einen gelbe
Sommerrock und auf dem Kopfe eine hohe Filzmütze
Ich schlich näher heran und betrachtete mir aufmerksar
das Gesicht. Es war mir völlig unbekannt, gleichfall
sehr lang, weich und bartlos, und hatte röthliche klein
Augen und eine höchst merkwürdige Nase: ausgereckt un
gewunden wie eine Schote hing sie gerade über den auf
geworfenen Lippen. Und diese Lippen gaben, indem si
von Zeit zu Zeit zuckten und sich zuspitzten, einen dünner
pfeifenden Ton von sich, während die langen, auf de
Brusthöhe einander gegenüber gestellten Finger der abge
magerten Hände in hurtiger Kreisbewegung sich drehter
Ab und zu hielten die Hände in ihrer Bewegung inn
die Lippen hörten auf zu pfeifen und zu zucken und dan
neigte der Kopf, wie um zu lauschen, sich vor. Ich schlic
noch näher heran, blickte noch schärfer hin... Der Un
bekannte hielt in jeder Hand eine kleine flache Schale
ähnlich denjenigen, womit man die Kanarienvögel zun
Singen reizt und anspornt. Ein dünnes Reis knackt
mir unter den Füßen; der Unbekannte fuhr zusammen
richtete seine ausdruckslosen Augen auf das Dickicht un

trat zurück... stieß aber gegen einen Baum, seufzte und blieb stehen.

Ich trat vor.

Der Unbekannte begann zu lächeln.

„Guten Tag," sagte ich.

„Guten Tag, Junkerchen!"

Mir war es gar nicht genehm, daß er mich Junkerchen nannte. Wie vertraulich das!

„Was machen Sie hier?" fragte ich streng.

„Da sehen Sie," antwortete er, noch immer lächelnd: „Ich lade die Vöglein zum Singen ein."

Er zeigte mir seine Schälchen.

„Die Finken erwidern ausgezeichnet! Für Sie muß, in Anbetracht Ihrer jungen Jahre, der Gesang des gefiederten Völkchens ein großes Vergnügen sein; wenn ich anfange zu zwitschern, fallen sie sofort ein... wie lieblich das ist!"

Er begann seine Schälchen zu reiben. In der That, von einem nahen Ebereschenbaum herab gab ein Fink sofort Antwort! Der Unbekannte lachte hell auf mit seiner klanglosen Stimme und blinzelte mir dann mit einem Auge zu.

Dieses Lachen und dieses Blinzeln — jede Bewegung des Unbekannten, die schwache lispelnde Stimme, die auswärtsgebogenen Knie, die magern Hände, ja sogar die Mütze und der lange Rock — alles an ihm athmete Gutherzigkeit, Unschuld, Heiterkeit.

„Sind Sie schon lange hier?" fragte ich.

„Seit heute."

„Und sind Sie der Mann, von dem..."

„Herr Baburin der gnädigen Frau gesprochen? Derselbe, derselbe."

„Ihr Kamerad heißt Baburin, und Sie?"

„Ich... ich heiße Punin. Punin ist mein Name, Punin. Er heißt Baburin und ich heiße Punin."

Wieder begann er mit den Schälchen zu klirren.

„Hören Sie doch den Fink, hören Sie! ... Wie er schmettert!"

Ich fand mit einemmal ungemeines Gefallen an diesem Sonderling. Wie fast alle Knaben war ich Fremden gegenüber entweder schüchtern oder großthuerisch; aber bei diesem war mir gleich, als wären wir alte, alte Bekannte.

„Kommen Sie mit mir," sagte ich zu ihm; „ich weiß ein noch schöneres Plätzchen als dieses; dort befindet sich ein Bänkchen: wir können uns da setzen; auch haben wir von dort eine schöne Aussicht."

„Gehen wir, wenn Sie's wünschen," versetzte in singendem Tone mein neuer Freund.

Ich ließ ihm den Vortritt. Er watschelte beim Gehen, machte Zickzackbewegungen und warf dabei den Kopf in den Nacken.

Ich bemerkte, daß er hinten am Rocke, unter dem Kragen, eine Trobel baumeln hatte.

„Was haben Sie da für ein Gehänge?" fragte ich.

„Wo?" versetzte er und befühlte sich den Kragen. „Ah diese Trobel? Die lassen Sie nur! Ist zur Zierde angenäht. Genirt mich nicht."

Ich führte ihn zur Bank und setzte mich. Er nahm neben mir Platz.

„Hier ist es schön!" murmelte er und seufzte tief auf. „O so schön! Welch einen herrlichen Garten Sie haben! Ach! A—ach!"

Ich blickte ihn mir von der Seite an ...

„Was für eine merkwürdige Mütze Sie auf dem Kopfe haben!" rief ich unwillkürlich aus. „Lassen Sie doch mal sehen!"

„Bitte, Junkerchen, bitte!"

Er nahm die Mütze ab; ich streckte die Hand darnach aus, blickte auf und — fuhr empor. Punin war vollständig kahlköpfig! Auch nicht ein Härchen war zu sehen auf seinem spitzigen, mit einer glatten weißen Haut bedeckten Schädel.

Ich lachte auf. Und er — er fuhr mit der flachen Hand darüber und lachte ebenfalls. Wenn er lachte, gerieth er in Zuckungen, riß den Mund weit auf und schloß die Augen, auf seiner Stirn aber bildeten sich dann große Falten, die in drei Reihen von unten nach oben liefen — grade wie Wellen.

„Nicht wahr," sagte er endlich, „ein wahres Ei?"

„Ein wahres Ei, wahrhaftig, ein wahres Ei!" stimmte ich entzückt ein. „Sind Sie schon lange so?"

„Schon lange. Und was für ein Haar ich hatte! Ein goldenes Vließ, demjenigen ähnlich, nach welchem die Argonauten über des Meeres Tiefen schifften."

Obschon ich erst zwölf Jahr alt war, so wußte ich doch, dank meinen mythologischen Studien, wer die Argonauten waren. Um so mehr wunderte ich mich, dieses Wort aus dem Munde eines Mannes zu hören, der fast nur mit Lumpen bedeckt war.

„Sie haben wol gar Mythologie studirt?" fragte ich, seine Mütze in den Händen drehend, die, im Innern wattirt, einen sich haarenden Pelzbesatz und einen zerknickten Pappenschirm hatte.

„Auch dieser Wissenschaft habe ich mich befleißigt, mein liebes Junkerchen; eingehend befleißigt. Jetzt aber geben Sie mir meine Bedeckung zurück, auf daß ich damit meines Hauptes Blöße schütze."

Er zog sich die Mütze ins Gesicht. Dann seine weißlichen Brauen emporziehend fragte er mich, wer ich denn eigentlich sei und wer meine Eltern wären.

„Ich bin der Enkel der Besitzerin dieses Gutes; ihr einziger Verwandter. Papa und Mama sind todt."

Punin bekreuzte sich.

„Gebe ihnen Gott das Paradies! Also eine Waise

und zugleich dieses Besitzthums Erbe. Man sieht Ihnen sofort das adlige Blut an: wie in Ihren Aeuglein es flimmert, wie in Ihren Adern es schimmert — Sum — sum — sum!"

Dabei suchte er mir mit den Fingern anschaulich zu machen, wie er sich den Kreislauf des flimmernden und schimmernden Blaublutes vorstellte.

„Und wissen Euer Wohlgeboren, ob mein Kamerad mit Ihrer Großmutter einig geworden, ob er die Stelle erhalten, die man ihm versprochen hatte?"

„Das weiß ich nicht."

Punin seufzte.

„Ach, könnte man doch hier sein Zelt aufschlagen! Wenn auch nur für eine kleine Weile! Immer wandern, immer wandern ... nirgend eine Ruhestatt, nimmer will es endigen dieses Lärmen der Welt und die Seele..."

„Sagen Sie mal," fiel ich ihm in die Rede, „sind Sie vielleicht Geistlicher?"

Punin drehte sich nach mir um und blinzelte mit den Augen.

„Wie kommen Sie zu der Frage, mein lieber Knabe?"

„Nun, Sie reden — grad so wie man in der Kirche redet."

„Weil ich poetische Wendungen gebrauche? Aber das darf Sie nicht Wunder nehmen. Freilich, im gewöhnlichen Verkehr sind derartige Wendungen nicht immer statthaft. Aber sobald der Geist einen höhern Flug nimmt, wird auch gleich die Sprache schwungvoll und erhaben. Hat Ihr Erzieher, Ihr Lehrer der vaterländischen Literatur — Sie werden doch darin unterrichtet? — Ihnen das nicht auseinandergesetzt?"

„Nein, man hat mir das nicht auseinandergesetzt," antwortete ich. „Wenn wir auf dem Lande leben, habe ich keinen Lehrer. In Moskau dagegen eine ganze Anzahl."

„Und weilen Sie lange auf dem Lande?"

„Zwei Monate, nicht länger. Die Großmutter sagt, auf dem Lande würde ich verwöhnt. Aber eine Gouvernante habe ich auch hier."

„Ein französisches Dämchen?"

„Ja, eine Französin."

Punin kraute sich hinter den Ohren.

„So eine Mamsell?"

„Ja ... Mademoiselle Friqué heißt sie ..."

Mir kam es plötzlich so vor, als sei es eine Schande für mich, daß ich, ein zwölfjähriger Knabe, keinen Erzieher hatte, sondern nur eine Gouvernante — just wie Mädchen!

„Aber ich gehorche ihr nicht," setzte ich verächtlich hinzu; „durchaus nicht!"

Punin wiegte den Kopf.

„O die Reichen, o die Reichen! Wie sie weichen, wie sie weichen — von der Väter Sinn! Wie sie leben, wie sie streben — nach des Auslands Sitte hin!"

„Was ist das? Sie reden in Reimen?" fragte ich.

„Das kann ich, so oft die Lust mich ankommt. Das ist mir angeboren ..."

Aber in diesem Augenblick ließ sich hinter uns im Garten ein scharfes, kräftiges Pfeifen vernehmen.

Flugs sprang mein Gesellschafter von der Bank auf.

„Das ist mein Kamerad; er sucht mich ... Was mag er mir zu sagen haben? Adieu, Junkerchen ... Sie wollen verzeihn mein Gebahren und Ihre Gunst mir bewahren ..."

Schnell war er im Gebüsch meinen Blicken entschwunden. Ich aber blieb noch eine Weile auf der Bank sitzen. Ich empfand eine gewisse Unentschlossenheit und noch ein andres, ziemlich wohlthuendes Gefühl ... Noch niemals in meinem Leben hatte ich einen solchen Menschen gesehen, noch niemals eine solche Unterhaltung geführt.

Eine Zeitlang hing ich meinen Träumereien nach ...

dann aber erinnerte ich mich meiner mythologischen Lection und eilte nach Hause.

* * *

Dort erfuhr ich, daß die Großmutter mit Baburin einig geworden. Man hatte ihm in dem vom Gesinde bewohnten Gebäude, unweit des Pferdestalles, eine kleine Stube angewiesen und er hatte sich mit seinem Kameraden sofort darin eingerichtet.

Nachdem ich am andern Morgen meinen Thee getrunken, begab ich mich, ohne bei Mademoiselle Friqué mir erst Urlaub zu erbitten, nach dem Gesindehause. Es drängte mich, wieder zu plaudern mit dem Sonderling von gestern. Ohne anzuklopfen — diese Sitte war uns Untergebenen gegenüber unbekannt — trat ich direct in das Zimmer. Ich fand nicht denjenigen darin, welchen ich suchte; nicht Punin war anwesend, sondern sein Gönner, der Philanthrop Baburin. Er stand, die Beine weit auseinandergespreizt, ohne Oberkleid am Fenster und rieb sich mit einem langen Handtuch eifrig Kopf und Hals.

„Was wünschen Sie?" sagte er, die Stirn in Falten ziehend, aber ohne dabei seine Beschäftigung einzustellen.

„Ist Punin nicht zu Hause?" fragte ich in derselben ungezwungenen Weise.

„Herr Nikander Wawilitsch Punin ist augenblicklich nicht zu Hause," antwortete Baburin nicht eben sehr schnell. „Aber erlauben Sie mir Ihnen die Bemerkung zu machen, junger Mensch, daß es nicht anständig ist, so ohne jede Erlaubniß in ein fremdes Zimmer zu treten."

Ich ein junger Mensch!... Welche Frechheit!... Vor Zorn wurde ich puterroth.

„Sie scheinen nicht zu wissen, wer ich bin!" sprach ich, — schon nicht mehr ungezwungen sondern hochmüthig — „ich bin der Enkel der Gutsherrin."

„Das ist mir ganz einerlei," entgegnete Baburin, noch

immer mit seinem Handtuch beschäftigt. „Wenn Sie auch der Enkel der gnädigen Frau sind, so haben Sie darum doch nicht das Recht, ein fremdes Zimmer zu betreten."

„Wieso fremdes Zimmer? Was fällt Ihnen ein?! Ich bin hier überall zu Hause!"

„Mit Ihrer gütigen Erlaubniß: hier bin ich zu Hause. Dieses Zimmer ist mir laut Vereinbarung angewiesen worden — als ein Theil meines Gehalts..."

„Belehren Sie mich nicht!" unterbrach ich ihn; „ich weiß besser als Sie, daß..."

„Belehrungen Ihnen noththun," fiel er mir seinerseits ins Wort; „da Sie noch so sehr jung sind... Ich kenne meine Pflichten, aber sehr wohl weiß ich auch, welches meine Rechte sind, und wenn Sie in dieser Weise mit mir zu reden fortfahren, werde ich Sie ersuchen müssen, sich von hier zu entfernen..."

Wer weiß, wie unser Streit geendet hätte, wenn nicht in diesem Augenblick hüpfend und wackelnd Punin ins Zimmer getreten wäre. Wahrscheinlich merkte er am Ausdruck unsrer Gesichter, daß etwas Unangenehmes zwischen uns vorgefallen war, denn sofort begrüßte er mich mit den liebenswürdigsten Ausbrüchen der Freude.

„Ah, das Junkerchen, das Junkerchen!" rief er aus, kreuz und quer mit den Armen in der Luft fuchtelnd und in das ihm eigne klanglose Lachen ausbrechend. „Wie lieb von dir, mir einen Besuch zu machen, wie lieb von dir!"

„Was ist das!" dachte ich bei mir, „der fängt ja schon an mich zu duzen!"

„Nun, gehen wir, gehen wir zusammen in den Garten! Ich habe da etwas gefunden, etwas so... Was hier sitzen in der Gluthitze! Gehen wir, gehen wir!"

Ich folgte Punin; aber auf der Schwelle hielt ich es ür nöthig, mich umzudrehen und Baburin einen herausfordernden Blick zuzuwerfen: „Daß du es nur weißt, dich fürcht' ich nicht!"

Er bezahlte mich mit gleicher Münze, ja er spuckte sogar in sein Handtuch — wahrscheinlich um mir in recht anschaulicher Weise zu verstehen zu geben, wie sehr er mich verachte.

„Was ist das für ein Flegel, Ihr Freund!" sagte ich zu Punin, sobald die Thür sich hinter mir geschlossen.

Voller Schrecken wandte mir Punin sein aufgedunsenes Gesicht zu.

„Ueber wen äußern Sie sich in dieser Weise?" sagte er, die Augen aufreißend.

„Nun, natürlich über diesen ... wie heißt er doch wieder? ... über diesen — Baburin."

„Ueber Paramon Semenowitsch Baburin?"

„Ja freilich, über dieses ... Kalmückengesicht."

„Wi — ie — ie!" stotterte Punin mit freundlichem Vorwurf. „Wie können Sie nur so reden, Junkerchen, Junkerchen! Paramon Semenowitsch ist ein sehr achtungswerther Mann, durchdrungen von den strengsten Grundsätzen — ein ganz außergewöhnlicher Mann! Nun freilich, beleidigen läßt er sich nicht, denn er kennt seinen Werth. Ihn, mein Lieber, muß man fein höflich behandeln, denn er ist — hier neigte Punin sich herab an mein Ohr — Republikaner!"

Ich sah Punin mit großen Augen an. Das hatte ich nicht erwartet. Aus Kaydanoff's Lehrbuch und andern historischen Werken wußte ich, daß es im Alterthum zeitweilig in Griechenland und Italien Republikaner gegeben hatte, die ich mir nicht anders vorstellen konnte als mit Helmen auf den Köpfen, mit runden Schilden an den Armen und mit großen nackten Füßen. Daß aber noch in unserer Zeit, vor allem in Rußland, im X.'schen Gouvernement, Republikaner existiren konnten — das warf all meine Vorstellungen völlig über den Haufen, das machte mich ganz verwirrt.

„Ja, mein Lieber, ja, Paramon Semenowitsch ist Republikaner," wiederholte Punin. „Jetzt wissen Sie, in welcher Weise Sie künftig über einen solchen Mann sich äußern müssen ... Aber gehen wir jetzt in den Garten. Rathen Sie mal, was ich dort gefunden habe! Ein Kuckuksei in einem Rothschwänzchennest! Ist das nicht wunderbar?"

Ich ging mit Punin in den Garten. Aber in Gedanken wiederholte ich unabläffig: „Republikaner! Re—pub—li—ka—ner!"

„Nun," entschied ich endlich bei mir, „er hat nicht umsonst ein so bläuliches Kinn!"

* * *

Meine Beziehungen zu diesen beiden Persönlichkeiten — zu Punin und Baburin — nahmen seit diesem Tage einen bestimmten Charakter an. Baburin erweckte in mir ein Gefühl des Hasses, in welches sich jedoch bald etwas wie Achtung mischte. Ja, ich hatte sogar Furcht vor ihm! Und ich hörte selbst dann nicht auf ihn zu fürchten, als in seinem Verkehr mit mir die frühere schneidige Schroffheit nicht mehr hervortrat. Es versteht sich von selbst, daß ich vor Punin keine Furcht hatte; ja ich achtete ihn nicht einmal! Ich hielt ihn — um es grade heraus zu sagen — für einen Spaßmacher. Dagegen liebte ich ihn von ganzem Herzen. Stundenlang in seiner Gesellschaft zubringen, mit ihm allein sein, seinen Erzählungen lauschen — das war für mich eine wahre Erquickung.

Der Großmutter behagte diese „intimité" mit einem Menschen „du commun," aus der „Hefe," durchaus nicht. Ich aber eilte, so oft es mir glückte mich wegzustehlen, sofort zu meinem interessanten, theuern, seltsamen Freunde. Ganz besonders häufig wurden unsere Zusammenkünfte nach der Entfernung von Mademoiselle Friqué, die meine Großmutter nach Moskau zurückschickte — zur Strafe dafür, daß sie es sich hatte einfallen lassen, bei einem zu uns auf Besuch gekommenen Stabscapitän über die Langweile sich zu beklagen, die in unserm Hause herrschte. Und was Punin betrifft: er fühlte sich nicht belästigt durch diese langen, langen Unterredungen mit einem zwölfjährigen Knaben; ja er suchte sogar meine Unterhaltung. Wie oft lauschte ich seinen Erzählungen, sitzend mit ihm im duftigen Schatten, auf dem trocknen glatten Rasen, unter dem Laubdach der Silberpappeln, oder am Teiche im Schilf, auf dem groben und etwas feuchten Sande des abschüssigen Ufers, aus welchem, wunderlich verschlungen, knorrige Wurzeln, wie große schwarze Adern, wie Schlangen, hervorragten — Flüchtlinge gleichsam aus einem unterirdischen Reiche!

Ausführlich erzählte Punin mir seine Lebensgeschichte, alle seine glücklichen und unglücklichen Erlebnisse, an denen ich allzeit so innig, so aufrichtig Antheil nahm! Sein Vater war Geistlicher gewesen — ein prächtiger Mann, aber im Rausche hart bis zur Unempfindlichkeit.

Punin selbst hatte im Seminar studirt. Da er aber Angst vor dem Examen gehabt und zum geistlichen Stande keine Neigung gefühlt, war er wieder Laie geworden, in Folge dessen er ein wahres Fegefeuer von Quälereien durchgemacht hatte und endlich sogar zum Landstreicher herabgesunken war.

„Und hätte mich nicht," so pflegte Punin seine Erzählung zu schließen, „mein Wohlthäter Paramon Semenitsch — (anders nannte er Baburin nicht) — von der Straße aufgelesen: ich wäre zu Grunde gegangen im Strudel des Elends, der Unordnung und der Lasterhaftigkeit!"

Punin liebte hochtrabende Ausdrücke und er hatte einen sehr starken Hang — wenn auch nicht zum Lügen,

so toch zum Uebertreiben und Fabuliren. Alles setzte ihn
in Erstaunen, über alles gerieth er in Verzückung ...

Und ich — ich ahmte ihn nach und ließ mich ebenfalls
zu Uebertreibungen und Verzückungen hinreißen. „Was
ist mit dir vorgegangen? Du bist jetzt wie vom Teufel
besessen — bekreuze dich!" sprach wiederholt meine alte
Wärterin zu mir.

Punins Erzählungen interessirten mich ganz ungemein;
aber weit mehr noch unsre gemeinschaftlichen Lesestunden.
Es ist unmöglich das Gefühl zu schildern, welches mich
durchdrang, wenn er, den günstigen Moment wahrneh=
mend, plötzlich wie ein sagenhafter Einsiedler oder wie ein
guter Geist vor mir erschien mit einem dicken Buche unter
dem Arme und, verstohlen mit seinem langen krummen
Zeigefinger mir winkend und geheimnißvoll zublinzelnd,
mit Kopf, Brauen, Schultern — mit dem ganzen Körper
nach dem einsamen Dickicht des Gartens deutete, wo=
hin niemand uns folgen, wo niemand uns überraschen
konnte! ... Da ist's uns gelungen, unbemerkt aus dem
Hause zu kommen — da haben wir glücklich eins unsrer
geheimen Plätzchen erreicht — da sitzen wir bereits neben=
einander — da öffnet sich schon, einen scharfen, mir da=
mals unaussprechlich angenehmen Moder= und Schimmel=
geruch ausströmend, langsam das Buch! Mit welcher
Aufregung, mit welchem Beben stummer Erwartung blicke
ich in das Gesicht, auf die Lippen Punins — auf die
Lippen, über welche im nächsten Augenblick so süße Worte
kommen sollen! Endlich beginnt er zu lesen ...

Punin beclamirte vorzugsweise Verse — schwungvolle,
tönende Verse. Und seine ganze Seele legte er hinein!
Er beclamirte sie nicht, nein er brüllte sie: feierlich, stoß=
weise, donnernd, wie ein Berauschter, wie ein Verzückter,
wie eine Pythia! ... Und dabei hatte er folgende Ge=
wohnheiten: erst las er den Vers leise, mit halblauter
Stimme, wie wenn er etwas vor sich hin summte ... Er

nannte das „im Entwurf" beclamiren. Dann aber brüllte er, aufspringend und an allen Gliedern bebend, diesen selben Vers in der Reinschrift heraus ...

In dieser Weise nahmen wir nicht blos Lomonossoff, Sumarokoff und Kantemir durch — je älter die Gedichte, um so mehr waren sie nach Punins Geschmack — sondern auch die „Rusfiade" von Cheraskoff. Und die Wahrheit zu sagen: dieses Epos, diese „Rusfiade" begeisterte mich am meisten! Es kommt darin unter andern eine muthige Tatarin, eine amazonenartige Riesin vor. Jetzt weiß ich nicht einmal mehr ihren Namen; aber damals überlief es mich eiskalt, wenn ich ihn nur nennen hörte!

„Ja ja," pflegte Punin zu sagen, während er bedeutsam das Haupt schüttelte, „mit diesem Cheraskoff nimmt's keiner auf. Allerdings, manchmal zerrt er wol etwas an einem Verse herum und quetscht ihn nur so heraus ... Aber aufgepaßt! Kaum glaubst du ihn gefaßt zu haben, so geht's wieder los mit ihm und dann hallt das und schallt das wie eine Posaune! Nicht umsonst hat er einen so volltönenden Namen — mit einem Wort: ein Cherrrraskoff!!"

An Lomonossoff tadelte Punin einen zu einfachen und losen Satzbau; am schlechtesten aber stand Derschawin bei ihm angeschrieben: der sei mehr Hofmann als Poet.

In unserm Hause wurde der Literatur, der Poesie gar keine Beachtung geschenkt; ja Gedichte und zumal russische Gedichte galten sogar für etwas Abgeschmacktes und Unanständiges. Die Großmutter nannte sie nicht einmal Gedichte, sondern „Reimereien!" Ein „Reimschmied" war nach ihrer Meinung entweder ein Erztrunkenbold oder ein vollendeter Narr.

In solchen Anschauungen erzogen mußte ich von Punin entweder mit Ekel mich abwenden — war er doch ohnehin, was ebenfalls meine junkerlichen Gewohnheiten zu verletzen geeignet war, unsauber und unordentlich! — oder,

gezähmt und von Begeisterung hingerissen, sein Beispiel
nachahmen und von seinem Poesiefieber angesteckt worden ...
Und so geschah es auch. Ich begann gleichfalls Verse zu
beclamiren oder vielmehr, wie die Großmutter sich aus-
drückte, „Reimereien abzuheulen" ... Ja ich versuchte
sogar selbst etwas zu Stande zu bringen, nämlich die
Beschreibung einer Drehorgel, in welcher nachstehende
zwei Verslein vorkamen:

  Und seht, da fängt der Leiermann
  Zu orgeln und zu klappern an.

Punin lobte an dieser Beschreibung eine gewisse Klang-
nachahmung, den Vorwurf selbst aber verurtheilte er als
zu gemein und unwürdig der lyrischen Begeisterung.

Ach! Alle diese Versuche, alle diese Aufregung und
Begeisterung, unsere heimliche Lectüre, unser Doppelleben,
unsre Poesie — Alles nahm auf einmal ein Ende! Wie
ein Donnerschlag fuhr plötzlich das Unheil auf uns herab.

   * * *

Die Großmutter liebte in allem Ordnung und Rein-
lichkeit — just wie unsre damaligen Executionsgenerale.
Und ordentlich und reinlich mußte auch unser Garten gehalten werden. Zu dem Ende wurden von Zeit zu Zeit
die nicht in den Frohnden arbeitenden Bauern und die
besitzlosen oder davongejagten Leibeigenen in denselben zu-
sammengetrieben und gezwungen, die Wege zu reinigen,
die Beete zu jäten, die Erde unter den Bosquets zu
sieben und aufzulockern u. s. w. Da begab sich einst die
Großmutter — ich mußte sie begleiten — bei Gelegenheit
einer solchen „Zusammentreibung" in den Garten. Zwischen den Bäumen, auf den Rasenplätzen, überall schim-
merten weiße, rothe, blaue Hemden; überall vernahm man
das Knirschen der grabenden Schaufeln, das dumpfe Rol-
len der Erdklumpen auf den schräggestellten Sieben. An
den Arbeitern vorbeigehend, bemerkte die Großmutter so-

fort mit ihrem Adlerblick, daß einer von ihnen sich weniger eifrig zeigte als die Übrigen und daß er nur widerwillig zum Grüßen die Mütze vom Kopfe zog. Es war das ein noch junger Bursche mit völlig abgemagertem Gesicht und eingefallenen, trüben Augen. Der Nankingrock, gänzlich zerrissen und mit Flicken bedeckt, saß ihm kaum noch fest um die schmalen Schultern.

„Wer ist das?" fragte die Großmutter den Lakaien Philipp, der auf den Zehen hinter ihr hertrippelte.

„Von wem — was — geruhen Sie —?" begann Philipp zu stottern.

„Einfältiger Mensch! Von dem da rede ich, der mich wie ein Wolf anglotzt. Da steht er ohne zu arbeiten."

„Der? Ja da—a—as ist Jermil, das Söhnchen des seligen Paul Athanasijeff."

Dieser Paul Athanasijeff war vor zehn Jahren bei der Großmutter Majordomus gewesen und hatte sich ihrer ganz besondern Gunst zu erfreuen gehabt. Aber plötzlich in Ungnade gefallen, war er eben so plötzlich zu einem Viehknecht begradirt worden. Allein auch bei den Viehknechten hatte er sich nicht gehalten: rasch war er immer tiefer gesunken und schließlich in eine abgelegene rauchige Hütte gerathen, wo er bei einem Pud*) Mehl monatlich endlich am Schlagfluß gestorben war — seine Familie in der bittersten Armuth zurücklassend.

„Aha!" murmelte die Großmutter; „man sieht, der Apfel fällt nicht weit vom Stamm. Auch mit dem da muß aufgeräumt werden. Menschen, die mich mißtrauisch ansehen, kann ich nicht gebrauchen."

Die Großmutter ging wieder nach Hause, um mit Jermil „aufzuräumen". Drei Stunden darauf wurde er, vollständig „reisefertig", unter ein Fenster ihres Kabinets geführt. Der unglückliche Bursche war von ihr zur De-

---

*) Ein Pud sind 40 Pfund.

portation nach Sibirien verurtheilt worden. Hinter dem Hofgitter, wenige Schritt von ihm, stand ein Bauernwagen, beladen mit Jermils armseligem Hausrath. In solchen Zeiten lebten wir damals!

Jermil stand da mit gesenktem Kopfe, barhäuptig und barfuß. Die Stiefel hatte er mit einem Bindfaden zusammengebunden und sich auf den Rücken gehängt. Sein dem Herrenhause zugekehrtes Gesicht drückte weder Verzweiflung noch Gram, ja nicht einmal Verwunderung aus; ein stumpfsinniges Lächeln umspielte seine farblosen Lippen; seine trocknen, eingefallenen Augen blickten unverwandt zur Erde.

Man machte die Großmutter auf ihn aufmerksam. Sie stand vom Divan auf und trat, leise rauschend mit dem seidenen Kleide, ans Fenster und legte, um sich den neuen Deportirten anzusehen, den goldnen Doppellorgnon auf die Nase. Es waren in diesem Augenblick außer ihr vier Personen im Zimmer anwesend: der Haushofmeister, Baburin, der dienstthuende Kosak und ich.

Die Großmutter musterte den Verbannten von oben bis unten ...

„Gnädige Frau," ließ sich plötzlich eine heisere, kaum hörbare Stimme vernehmen.

Ich sah auf.

Baburins Gesicht hatte sich roth, dunkelroth gefärbt. Unter den zusammengezogenen Brauen funkelten zwei kleine scharfe Augen ... Kein Zweifel: er war es, Baburin war's, der die Worte: „gnädige Frau!" gesprochen!

Auch die Großmutter blickte auf und richtete ihre Lorgnette von Jermil auf Baburin.

„Wer spricht da?" sagte sie langsam in näselndem Tone.

Baburin trat einige Schritte vor

„Gnädige Frau," begann er ... „Ich war's," setzte er entschlossen hinzu ... „Ich glaubte ... Ich nehme mir die Freiheit, darauf hinzuweisen, daß es — unnütz ist, so zu verfahren, wie ... wie Sie zu verfahren geruhen."

„Wirklich!" erwiderte die Großmutter in demselben Tone und ohne die Lorgnette abzusetzen.

„Ich habe die Ehre ..." fuhr Baburin fort, jedes Wort deutlich, wenn schon mit sichtlicher Anstrengung betonend ... „Ich möchte mir erlauben, für jenen Burschen zu sprechen, der da nach Sibirien geschickt wird — ohne jede persönliche Schuld. Solche Anordnungen, wage ich zu bemerken, können nur Unzufriedenheit und — was Gott verhüte! — andre böse Folgen herbeiführen ... und sie sind nichts weiter als ein Mißbrauch der den Herren Gutsbesitzern verliehenen Gewalt."

„Wo hast du studirt?" fragte die Großmutter nach einigem Schweigen und nahm die Lorgnette von der Nase.

Baburin wurde stutzig.

„Wie belieben?" murmelte er.

„Ich frage dich, wo du studirt hast ... Du gebrauchst mir da so gelehrte Ausdrücke."

„Ich ... meine Erziehung ..." begann Baburin.

Die Großmutter zuckte verächtlich die Achseln.

„Meine Anordnungen," unterbrach sie ihn, „finden also nicht deinen Beifall. Das ist mir völlig gleichgültig. Ueber meine Untergebenen habe ich allein zu befehlen und keinem Menschen bin ich für sie verantwortlich. Nur bin ich nicht gewohnt, daß man mich in meiner Gegenwart kritisirt und sich in meine Angelegenheiten mischt. Gelehrte plebejische Philanthropen kann ich nicht gebrauchen Ich muß Leute haben, die nur zu gehorchen wissen. So ist's bei mir gewesen, eh' du hier warst, und so wird's auch in Zukunft sein. Du gefällst mir nicht — du bist entlassen! ... Nikolaus Antonoff," wandte sie sich an den Haushofmeister, „rechne mit dem Menschen ab. Daß er

mir heute Mittag nicht mehr hier ist! Verstanden? Hüte
dich, meinen Zorn zu erregen! Und auch den andern —
den verrückten Schmarotzer schaffst du mir zugleich vom
Halse! ... Worauf wartet Jermil noch?" setzte sie hinzu
und sah wieder aus dem Fenster. „Ich habe ihn inspi-
cirt — fort mit ihm!"

Dabei machte die Großmutter mit dem Taschentuch
eine Bewegung nach dem Fenster hin, als wollte sie eine
zudringliche Fliege verscheuchen. Dann ließ sie sich in
einen Lehnstuhl nieder und sagte, uns ihr Gesicht zukeh-
rend, in mürrischem Tone:

„Jetzt, Leute, macht euch sämmtlich hinaus."

Wir entfernten uns alle — bis auf den dienstthuenden
Kosaken, den die Worte der Großmutter nichts angingen,
da er nicht zu den „Leuten" gehörte.

* * *

Der Befehl der Großmutter wurde pünktlich vollzogen
Gegen Mittag verließen Baburin und mein Freund
Punin das Gut. Ich will nicht versuchen meinen Schmerz,
meine aufrichtige, grabezu kindische Verzweiflung zu schildern. Sie war so maßlos, daß sie sogar das Gefühl
ehrfurchtsvoller Bewunderung, welches das kühne Beneh-
men des Republikaners Baburin mir einflößte, in den
Hintergrund drängte.

Nach dem Gespräch mit der Großmutter hatte er sich
sofort in sein Zimmer begeben und einzupacken begonnen.
Mich würdigte er keines Wortes, keines Blickes, obgleich
ich während der ganzen Zeit um ihn oder vielmehr um
Punin herumscharwenzelte. Dieser hatte vollständig den
Kopf verloren. Auch er sprach kein Wort mit mir, dafür
aber sah er mich unablässig an, und in seinen Augen
standen Thränen — stets dieselben Thränen; sie wollten
weder trocknen noch niederfließen. Seinen „Wohlthäter"
zu tadeln wagte er nicht: Paramon Semenitsch war nicht

fähig einen Fehler zu begehen; aber ihm war sehr bedrückt und traurig zu Muthe.

Zum Abschied versuchten Punin und ich etwas aus der „Russiade" zu lesen. Zu dem Ende schlossen wir uns in die Rumpelkammer ein — in den Garten zu gehen, daran war kein Gedanke. Aber bei dem ersten Verseblieben wir beide stecken und ich begann zu brüllen wie ein Kalb — trotz meiner zwölf Jahre und trotz meiner Prätension, für einen erwachsenen Menschen zu gelten.

Endlich, als er schon im Tarantas *) saß, beachtete mich Baburin, und die gewöhnliche Starrheit seiner Züge etwas mildernd sagte er:

„Lassen Sie sich das eine Lehre sein, junger Herr. Gedenken Sie des heutigen Ereignisses und seien Sie, zum Manne herangereift, bestrebt solche Ungerechtigkeiten wieder gut zu machen. Sie haben ein gutes Herz, einen noch unverborbenen Charakter... Handeln Sie mit Bedacht — so kann es unmöglich bleiben!"

Unter den Thränen, die reichlich über meine Nase, über meine Lippen, über mein Kinn herabflossen, sagte ich schluchzend, daß ich immer des heutigen Tages gedenken würde... daß ich gelobe, alles wieder gut zu machen, alles, alles...

Aber da ward Punin, den ich wol schon zwanzig Mal umarmt hatte — meine Wangen brannten von der Berührung mit seinem unrasirten Barte und der ihm eigene Duft war ganz auf mich übergegangen — da ward Punin von plötzlicher Begeisterung ergriffen! Er sprang von seinem Wagensitze in die Höhe, streckte beide Arme gen Himmel und begann mit Donnerstimme — wo er die nur so urplötzlich her hatte! — den von Derschawin übertragenen Psalm Davids **) zu declamiren — und

---

*) Ein niedriger Reisewagen ohne Federn.
**) Eine vollständige Uebersetzung der Bibel ins Russische existirt heute noch nicht.

diesmal war Derschawin kein Hofmann sondern ein
ächter Poet:

> Herr Gott, deß die Rache ist,
> Gott, deß die Rache ist, erscheine.
> Erhebe dich, du Richter der Welt,
> Vergilt den Hoffärtigen, was sie verdienen!
> Herr, wie lange sollen die Gottlosen prahlen ...

„Setze dich!" sagte Baburin zu ihm.

Punin setzte sich, fuhr aber fort zu beclamiren:

> ... Und so trotziglich reden
> Und alle Uebelthäter sich so rühmen?
> Herr, Sie zerschlagen dein Volk,
> Wittwen und Fremdlinge erwürgen sie
> Und tödten die Waisen!

Bei dem Worte „Uebelthäter" zeigte Punin mit dem Finger nach dem Herrenhause. Dann stieß er den vor ihm auf dem Bocke sitzenden Kutscher in den Rücken und rief:

> Merket doch, ihr Narren unter dem Volke,
> Wann wollet ihr klug werden? ...

In diesem Augenblicke kam Nikolaus Antonoff aus dem Herrenhause herbeigelaufen und schrie dem Kutscher aus vollem Halse zu:

„Fort! du Maulaffe, fort! Was hast du den Rachen so aufzusperren!"

Und fort rollte der Tarantas. Aber aus der Ferne tönte es noch herüber:

> Doch der Herr ist mein Schutz,
> Mein Gott ist der Hort meiner Zuversicht.
> Und er wird ihnen ihr Unrecht vergelten,
> Und wird sie um ihre Bosheit vertilgen;
> Der Herr, unser Gott, wird sie vertilgen ...

„Welch ein Hanswurst!" bemerkte Nikolaus Antonoff
„Das kommt von der schlechten Erziehung," versetzte

der Diakon, der grade auf der Freitreppe erschien. Er war gekommen, um sich zu erkundigen, auf welche Stunde die gnädige Frau den Abendgottesdienst anzusetzen geruhte.

* * *

Als ich einige Stunden später erfuhr, daß Jermil sich noch im Dorfe befände, und erst am andern Morgen früh nach der Stadt gebracht werden sollte, suchte ich ihn auf und händigte ihm in Ermangelung von Taschengeld ein Bündelchen ein, bestehend aus zwei Schnupftüchern, einem Paar abgetretener Schuhe, einem Kamm, einem alten Nachthemde und einem noch ganz neuen seidenen Halstuche. Jermil, den ich erst wecken mußte — er lag auf dem Hinterhofe, neben dem Wagen, auf einem Bündel Stroh — Jermil nahm mein Geschenk ziemlich gleichgültig, ohne Dank, ja sogar mit einer gewissen Unentschlossenheit an — steckte den Kopf wieder ins Stroh und schlief von neuem ein.

Ich verließ ihn etwas ernüchtert. Ich hatte mir vorgestellt, er werde über meinen Besuch hocherfreut und erstaunt sein, darin ein Unterpfand erblicken meiner hochherzigen Absichten für die Zukunft — und statt dessen ...

„Mit diesen Leuten ist nichts anzufangen — sie sind ohne alle Empfindung," dachte ich, als ich wieder nach Hause ging.

Die Großmutter, die mich, ich weiß nicht warum, während dieses ganzen für mich so denkwürdigen Tages in Ruhe gelassen hatte, betrachtete mich mit argwöhnischen Blicken, als ich mich nach dem Abendessen von ihr verabschiedete.

„Du hast geröthete Augen," sagte sie zu mir auf französisch, „und du verbreitest einen bäuerischen Geruch. Ich will mich nicht in eine Untersuchung deiner Gefühle und deiner heutigen Beschäftigungen einlassen — ich möchte nicht gezwungen sein, dich bestrafen zu müssen —

aber ich hoffe, daß alle diese Albernheiten jetzt aufhören und daß du hinfort dich wieder aufführst, wie es sich ziemt für den Sohn eines Edelmanns. Uebrigens kehren wir bald nach Moskau zurück und dort werde ich dir einen Erzieher geben — wie ich sehe, bedarf es einer männlichen Hand, um mit dir fertig zu werden. Geh!"

In der That kehrten wir bald darauf nach Moskau zurück.

II.
(1837.)

Sieben Jahre waren verstrichen. Wie in frühern Zeiten lebten wir wieder Sommer und Winter in Moskau. Ich war Student und bereits in den zweiten Cursus eingetreten. Der schwere Arm der Großmutter, die übrigens in den letzten Jahren sehr hinfällig geworden war, lastete nicht mehr auf meinem Nacken.

Von allen meinen Kameraden war ich am engsten befreundet mit einem gewissen Tarchoff, einem fröhlichen, gutmüthigen Jungen. Unsre Gewohnheiten, unsre Geschmacksrichtungen waren dieselben. Tarchoff war ein großer Verehrer der Poesie, ja von Zeit zu Zeit machte er wol selbst ein Verslein. Und was mich betraf, so war der von Punin gestreute Samen auf kein unfruchtbares Erdreich gefallen. Wie das so üblich ist unter befreundeten jungen Leuten, hatten wir kein Geheimniß vor einander. Seit einigen Tagen jedoch hatte ich an Tarchoff eine gewisse Erregtheit und Unruhe bemerkt... Stundenlang war er bisweilen verschwunden — ohne daß ich, was früher nie vorgekommen, erfuhr, wo er umhergeschlendert war! Schon hatte ich mir vorgenommen, im Namen unsrer Freundschaft ein offenes Bekenntniß von ihm zu verlangen... doch da kam er mir selbst zuvor.

Eines Abends saß ich bei ihm im Zimmer...

„Peter," sagte er, ganz roth werdend und mir grad

ins Gesicht blickend, plötzlich in fröhlichem Tone — „Peter, ich muß dich mit meiner Muſa bekannt machen."

„Mit deiner Muſe! Wie wunderlich du dich ausdrückſt — juſt wie ein Claſſiker!" (Die Romantik hatte damals, im Jahre 1837, den höchſten Siedepunkt erreicht.) „Als ob ich nicht ſchon längſt mit ihr bekannt wäre — mit deiner Muſe! Oder haſt du wieder in Verſen geſündigt?"

„Du haſt mich nicht richtig verſtanden," verſetzte Tarchoff, noch immer lächend und erröthend. „Ich will dich mit meiner lebendigen Muſa bekannt machen."

„Ah! Das iſt etwas andres! Aber warum ſagſt du: mit meiner — —?"

„Das will ich dir erklären … Doch halt! Da, däucht mich, kommt ſie ſelbſt gegangen …"

Von draußen vernahm man das leiſe Geräuſch eiliger Schritte, die Thür flog weit auf und auf der Schwelle erſchien ein Mädchen von achtzehn Jahren in einem bunten Katunkleide, mit einer ſchwarzen Tuchmantille um die Schultern und einem ſchwarzen Strohhut auf dem blonden, etwas aufgebauſchten Haar. Als ſie mich erblickte, erſchrack ſie, wurde ſchamroth und trat zurück … Aber ſchon war Tarchoff ihr entgegengeeilt.

„Bitte, bitte, Muſa Pawlowna, treten Sie ein: dies iſt ein intimer Freund von mir — der prächtigſte und harmloſeſte Menſch von der Welt. Vor ihm brauchen Sie durchaus keine Furcht zu haben … Peter," wandte er ſich zu mir, „hier ſtelle ich dir meine Muſa — Muſa Pawlowna Winograboff, meine gute Freundin vor."

Ich verbeugte mich.

„Wie … Muſa?" begann ich …

Tarchoff lächelte.

„Du weißt alſo nicht, daß ein ſolcher Name im Kalender wirklich vorkommt? Auch ich, guter Freund, weiß es erſt, ſeit ich dieſes liebenswürdige Fräulein kenne.

Musa! — welch ein reizender Name! Und wie er auf sie paßt!"

Ich verbeugte mich zum zweiten Mal vor meines Freundes „guter Freundin".

Sie verließ die Thür, trat einige Schritte vor und blieb wieder stehn. Sie war ein sehr hübsches Mädchen, aber Tarchoffs Ansicht konnte ich nicht theilen, ja ich murmelte sogar in mich hinein: „Nun was für eine Muse ist denn das!"

Die Züge ihres sanftgerundeten, rosafarbenen Antlitzes waren fein und zart. Eine frische elastische Jugendlichkeit umhauchte die zierliche, schlanke Gestalt. Aber die Muse, die Personification der Muse stellte ich, stellte die gesammte damalige Jugend sich durchaus anders vor! Vor allen Dingen mußte die Muse unbedingt schwarzes Haar und blasse Wangen haben! Ein verächtlich=stolzer Gesichtsausdruck — ein ironisch=bitteres Lächeln — ein hinreißender Blick und jenes geheimnißvolle, dämonische, fatalistische „Etwas" — das waren die Merkmale, ohne welche wir uns die Muse, die Byron'sche Muse, welche damals alle jugendlichen Köpfe beherrschte, gar nicht denken konnte. Nichts von alledem bemerkte ich in dem Antlitz des eingetretenen jungen Mädchens. Wäre ich älter und erfahrener gewesen, wahrscheinlich hätte ich dann ihren Augen mehr Aufmerksamkeit geschenkt: — kleine, tiefliegende Augen waren es mit leichtgeschwollenen Lidern, aber schwarz wie Achat, lebhaft und klar — eine seltene Erscheinung bei Blondinen. Zwar poetische Neigungen würde ich in ihrem hastigen, sozusagen glitschigen Blick nicht entdeckt haben, wol aber die Kennzeichen eines leidenschaftlichen, eines bis zur Selbstvergessenheit leidenschaftlichen Herzens ... Doch ich war damals noch sehr jung.

Ich streckte Musa Pawlowna meine Hand entgegen — sie hielt mir nicht auch die ihrige hin, sie bemerkte meine

Bewegung nicht, sondern setzte sich auf den von Tarchoff ihr angebotenen Stuhl — ohne Hut und Mantille abzulegen.

Es war ihr offenbar nicht recht behaglich zu Muthe: sie fühlte sich beengt durch meine Gegenwart. Sie athmete ungleichmäßig und tief — als wollte sie sich jedesmal einen Vorrath von Luft ansammeln.

„Ich bin nur auf einige Augenblicke zu Ihnen gekommen, Wladimir Nikolajewitsch," begann sie …

Ihre Stimme war ein voller Alt, der einen von diesen hellrothen, fast kindlichen Lippen etwas seltsam anmuthete.

„… Unsre Madam wollte mir absolut nicht länger als eine halbe Stunde frei geben. Da ich Sie seit vorgestern nicht gesehen … so dachte ich …"

Sie hielt inne und senkte das Haupt. Ihre von dichten, niedrigen Brauen beschatteten kleinen dunkeln Augen irrten unstät hin und her. So pflegen an heißen Sommertagen zwischen den ausgetrockneten Grashälmchen dunkle und zugleich schimmernde Käfer hin und her zu schwirren.

„Wie liebenswürdig das von Ihnen ist, Musa, holde Musa!" rief Tarchoff. „Aber bleiben Sie doch noch ein Weilchen … Wir wollen wenigstens eine Tasse Thee zusammen trinken."

„Ach nein, Wladimir Nikolajewitsch, das geht nicht. Ich muß in der Secunde wieder fort."

„So ruhen Sie doch zum mindesten ein bischen aus. Sie sind ja außer Athem … ganz müde!"

„Ich bin nicht müde. Ich … nicht deshalb … nur um … Geben Sie mir ein andres Buch: dies habe ich ausgelesen."

Sie zog ein zerlesenes graues Bändchen Moskauer Romanausgaben aus der Tasche.

„Gern, sehr gern. Und hat Ihnen die Geschichte gefallen? — Es ist der Roslawleff," setzte Tarchoff zu mir gewendet hinzu.

„O ja. Aber Juri Miloslawski, däucht mich, ist doch viel schöner. Unsre Madam ist sehr streng in Bezug auf Lectüre. Sie sagt, das hindere am Arbeiten. Nach ihrer Ansicht..."

„Aber Juri Miloslawski wird doch noch weit übertroffen von Puschkins Zigeunern — nicht wahr, Musa Pawlowna?" unterbrach Tarchoff sie lächelnd.

„O gewiß! Diese Zigeuner..." dehnte sie und verstummte einen Augenblick... Ach ja — noch eins, Wladimir Nikolajewitsch: morgen brauchen Sie nicht zu kommen — Sie wissen doch wohin?"

„Warum nicht?"

„Es geht nicht."

„Aber warum nicht?"

Musa zuckte die Achseln und dann stand sie, als hätte jemand sie gestoßen, plötzlich vom Stuhle auf.

„Wohin, Musa, liebe Musa?" sagte Tarchoff in bittendem Tone. „So bleiben Sie doch noch einen Augenblick!"

„Nein, nein, es geht nicht."

Hastig schritt sie auf die Thür zu und griff nach dem Schloß...

„Nehmen Sie wenigstens ein neues Buch mit!"

„Ein andermal."

Tarchoff stürzte ihr nach, aber schon war sie fort aus dem Zimmer und wenig fehlte, so hätte die Thür ihm die Nase zerquetscht.

„Ist das ein Teufelsmädel! Eine wahre Eidechse!" murmelte er nicht ohne Verdruß, und dann versank er in Nachdenken.

Ich blieb noch bei Tarchoff zurück. Ich mußte wissen, was das alles zu bedeuten hatte. Und er hielt denn auch nicht hinter dem Berge und erzählte mir ihre Geschichte. Sie war von bürgerlicher Herkunft und — Putz-

macherin. Vor drei Wochen hatte er sie in einem Mode=
waarengeschäft, wo er im Auftrage seiner in der Provinz
lebenden Schwester einen Hut zu bestellen gehabt, zum
ersten Mal gesehen. Gleich beim ersten Anblick hatte er
sich in sie verliebt, und schon am andern Tage hatte er
das Glück gehabt, sie auf der Straße zu sprechen. Uebri=
gens scheine er ihr nicht gleichgiltig zu sein.

„Nur bitte ich dich, nicht zu denken," setzte er mit
Wärme hinzu ... „nur wolle ja nichts Schlechtes von ihr
denken. Wenigstens bis jetzt ist zwischen uns nichts ..."

„Schlechtes passirt," ergänzte ich. „Daran zweifle ich
nicht. Aber auch darüber bin ich nicht im Zweifel,
Freundchen, daß dir das von Herzen leid thut! Doch Ge=
duld — es wird sich alles schon machen!"

„Das hoff' ich auch," murmelte Tarchoff lächelnd.
„Aber in der That, lieber Freund, dieses Mädchen ...
Ich versichere dich ... Es ist ein neuer, ein ganz neuer
Typus. Du hast sie noch nicht ordentlich betrachten
können. Sie ist so wild, o so wild! ... Uebrigens ist's
g abe diese Wildheit, die mir so recht an ihr gefällt. Das
ist ein Zeichen von Selbständigkeit! Kurz, Freund, ich
bin verliebt in sie bis über die Ohren!"

Tarchoff ließ sich noch weitläufig aus über den Ge=
genstand seiner Gefühle, ja er las mir sogar den Anfang
eines Gedichts vor mit der Ueberschrift: „Meine Musa."
Aber seine Herzensergüsse waren nicht nach meinem Ge=
schmack. Ich trat daher bald den Rückweg an ... Frei=
lich, im geheimen beneidete ich ihn.

* * *

Einige Tage später hatte ich einen Gang zu machen
durch eine der Reihen des Kaufhofs. Es war an einem
Sonnabend. Ueberall wimmelte es von Kauflustigen, von
allen Seiten tönten in das Gedränge hinein die aufmun=
ternden Rufe der Verkäufer. Nachdem ich meine Einkäufe

gemacht, dachte ich nur daran, wie ich am schnellsten von
den zudringlichen Händlern mich befreien sollte — als ich
plötzlich genöthigt war, wider Willen stehen zu bleiben
und in einem Obstladen die Bekannte meines Freundes,
Musa Pawlowna bemerkte! Ich konnte sie nur im Pro=
fil sehen — wie es schien, wartete sie auf jemand. Nach
kurzem Schwanken entschloß ich mich, auf sie zuzugehen
und sie anzureden. Aber noch hatte ich die Schwelle des
Ladens nicht überschreiten und die Mütze abnehmen können,
als sie erschreckt zurückwich und sich hastig einem alten
mit einem Friesrock bekleideten Manne, dem der Händler
grade ein Pfund Rosinen abwog, zuwandte und dessen
Hand ergriff — als wollte sie sich unter seinen Schutz
flüchten. Da kehrte ihr dieser sein Gesicht zu und — man
denke sich mein Erstaunen! — wen erkannte ich in ihm?
Punin!

Ja er war's! Das waren seine entzündeten kleinen
Augen, seine aufgeworfenen Lippen, seine grad herabhän=
gende weiche Nase. Er hatte sich wenig verändert in die=
sen sieben Jahren, nur daß vielleicht sein Gesicht etwas
faltenreicher geworden war.

„Nikander Wawilitsch!" rief ich aus. „Wie, Sie
kennen mich nicht mehr?"

Punin fuhr zusammen, riß den Mund auf und sah
mich mit erstaunten Blicken an ...

„Ich habe nicht die Ehre," begann er; aber plötzlich
rief er mit seiner piepsenden Stimme: „Ah, das Junker=
chen von Troïtzki!" (So hieß der Landsitz meiner Groß=
mutter.) „Nicht wahr, das Junkerchen von Troïtzki?"

Das Pfund Rosinen fiel ihm aus den Händen.

„Versteht sich," antwortete ich, hob ihm die Rosinen
vom Boden auf und umarmte ihn.

Er war ganz außer sich vor Freude und Aufregung
und fast wäre er in Thränen ausgebrochen. Dann nahm
er die Mütze vom Kopfe — bei welcher Gelegenheit ich

bemerkte, daß auch die letzte Spur eines Härchens von seinem Schädel verschwunden war — zog daraus sein Schnupftuch hervor, schnäuzte sich, drückte die Mütze sammt den Rosinen an den Busen, stülpte sich die erstere wieder aufs Haupt und ließ die letztern wieder zur Erde fallen ...

Wie Musa sich bei diesem Wiedersehen benahm, weiß ich nicht: ich war bemüht, ihr nicht ins Gesicht zu blicken. Ich glaube nicht, daß Punins Erregtheit ihren Grund hatte in einer allzu großen Anhänglichkeit an meine Person: vielmehr war er von Natur so angelegt, daß er eine urplötzliche Aufregung nicht vertragen konnte ... Das kommt von der Nervosität dieser unglücklichen Teufel!

„Besuchen Sie uns, besuchen Sie uns doch, mein Lieber!" begann er endlich zu schnattern. „Sie werden doch wol nicht zu stolz geworden sein, um unser bescheidenes Nestchen mal in Augenschein zu nehmen? Sie sind Student, wie ich sehe."*)

„Im Gegentheil, es wird mir ein großes Vergnügen sein."

„Sind Sie jetzt frei?"

„Ganz frei."

„Das ist herrlich! Wie wird Paramon Semenitsch sich freuen! Heute kommt er früher als gewöhnlich nach Hause; und sie wird Sonnabends von der Madam ebenfalls freigelassen ... Aber Halt! — um Verzeihung! — welch ein confuser Kopf ich bin! Sie sind ja wol noch gar nicht bekannt mit meiner Nichte?"

Ich beeilte mich zu versichern, daß ich dieses Vergnügen noch nicht hätte ...

„Versteht sich ja auch von selbst! Wo hätten Sie ihre Bekanntschaft denn machen sollen! Musachen! ...

---

*) Die russischen Studenten tragen Uniformen.

Sie müssen nämlich wissen, lieber Herr, dieses Fräulein heißt Musa — und das ist kein Beiname, nein, ihr wirklicher Taufname... Welch eine weise Fügung des Himmels! Musachen, hier stelle ich dir Herrn... Herrn..."

„Belosoff," kam ich ihm zu Hilfe.

„Herrn Belosoff vor. Wohlgemerkt, Musachen, du siehst hier vor dir den liebenswürdigsten, den vortrefflichsten aller Jünglinge. Mich hat das Schicksal schon einmal mit ihm zusammengeführt, als er noch ein kleiner Knabe war. Ich bitte dich, sei ihm gut und gewogen!"

Ich machte eine tiefe Verbeugung.

Musa, roth wie ein Mohnkopf, warf mir einen mißtrauischen Blick zu und schlug dann sofort die Augen nieder.

„Aha!" dachte ich, du gehörst zu denen, die in kitzlichen Situationen nicht erblassen sondern erröthen — das muß ich mir merken.

„Thun Sie nicht so förmlich — ein Modedämchen ist sie ja doch nicht," bemerkte Punin und trat aus dem Laden hinaus auf die Straße.

Musa und ich folgten ihm.

* * *

Das Haus, in welchem Punin wohnte, befand sich in ziemlich weiter Entfernung vom Kaufhofe, nämlich in der Gartenstraße. Unterwegs theilte mein ehemaliger Führer auf dem Gebiete der Poesie mir eine Reihe von Einzelheiten aus seinem Leben mit. Seit unserer Trennung waren er und Baburin unablässig im weiten heiligen Rußland umhergewandert und erst vor kurzem, vor einem halben Jahre, hatten sie in Moskau eine bleibende Zufluchtsstätte gefunden. Es war Baburin geglückt, in dem Comptoir eines reichen Kaufmanns und Fabrikanten eine Stelle als Correspondent zu erhalten.

„Einträglich ist sie gerade nicht," bemerkte Punin seufzend: „viele Mühe bei kargem Lohn ... Aber was anfangen? Man muß Gott für alles dankbar sein. Auch ich bin darauf aus, durch Abschreiben und Stundengeben etwas zu verdienen; nur sind meine Bemühungen bis jetzt erfolglos geblieben. Meine Handschrift stammt noch, wie Sie sich vielleicht erinnern, aus der guten alten Zeit; dem heutigen Geschmack sagt sie nicht mehr zu. Und was das Stundengeben anbelangt, so schadet mir am meisten der Mangel einer anständigen Kleidung. Außerdem muß ich befürchten, daß auch meine Lehrmethode — wenigstens so weit sie sich auf meine Unterweisung in der vaterländischen Literatur erstreckt — mit der herrschenden Geschmacksrichtung den Wettstreit nicht kann wagen — so sitz' ich denn ewig mit bellendem Magen."

Und Punin brach in das ihm eigne hohle, heisere Lachen aus. Also nicht blos der früheren, etwas pathetischen Art zu reden, sondern auch der alten Gewohnheit des Reimens war er treu geblieben.

„Das Neue, das Neue — das betet alle Welt an! Und Sie — haben auch Sie vor den alten Göttern die Achtung verloren und den neuen sich verschworen?"

„Und Sie, Nikander Wawilitsch, verehren Sie noch immer Charaskoff?"

Punin blieb stehen und schwenkte beide Arme in der Luft.

„Im höchsten Grade, mein Herr! Im höch—sten Gra—de!"

„Und lesen Sie denn Puschkin nicht? ... Puschkin mögen Sie wol nicht leiden?"

Punin hob wieder die Arme gen Himmel.

„Puschkin? Puschkin ist eine Schlange, die verborgen im grünen Grase liegt — begabt mit einer Nachtigallenstimme!"

In dieser Weise zusammen plaudernd schritten wir vorsichtig dahin über die unebenen Trottoirs der weißsteinigen

Stadt Moskau. Schweigend begleitete uns Musa; doch
ging sie nicht zwischen uns, sondern nur an Punins Seite.
Als ich sie im Gespräch einmal seine Nichte nannte, wurde
er etwas verlegen, kraute sich hinter den Ohren und erzählte mir dann mit halbflüsternder Stimme, daß er ihr
diesen Namen nur — uneigentlich gegeben, indem sie
keineswegs eine Verwandte von ihm, sondern eine Waise
sei, die Baburin in der Stadt Woronesch von der Straße
aufgelesen und erzogen habe; daß aber er, Punin, sie recht
gut seine Tochter nennen könnte, da er sie grad so herzlich
liebe, als wäre sie seine wirkliche Tochter.

Obschon Punin absichtlich in gedämpftem Tone sprach,
so konnte ich doch nicht daran zweifeln, daß Musa sehr
gut alles verstand, was er mir erzählte: Mehr als einmal wechselte sie die Farbe; Aerger, Verlegenheit und
Scham waren in ihren Zügen zu lesen; die Liber und
die Brauen, die Lippen und die feingeschnittenen Nasen-
flügelchen, ja das ganze Gesicht gerieth in leicht zuckende
Bewegung. Das alles war höchst anmuthig, seltsam und
ergötzlich anzusehen.

* * *

Endlich hatten wir Punins bescheidenes Nestchen erreicht. In der That, es war sehr bescheiden dieses Nestchen. Es bestand aus einem kleinen, fast in die Erde ver-
sunkenen einstöckigen Häuschen mit einem windschiefen
Schindeldach und vier trüben kleinen Fenstern an der
Frontseite. Vor den Fenstern und an den Wänden sah
man etwa ein Dutzend kleine hölzerne Käfige mit Lerchen,
Kanarienvögeln, Stieglitzen und Zeisigen.

„Meine Unterthanen!" sprach Punin, mit dem Finger
auf sie deutend, in pathetischem Tone.

Kaum hatten wir das Häuschen betreten und uns
orientirt, und kaum hatte Punin Musa befohlen, uns
Thee zu bereiten, als auch Baburin erschien. Er hatte

bei weitem mehr gealtert als Punin, wenn schon sein Gang fest geblieben und sein Gesichtsausdruck im allgemeinen sich nicht geändert hatte; aber er war magerer geworden, der Rücken hatte sich merklich gekrümmt, die Wangen waren eingefallen und die dichten schwarzen Haare bereits stark mit Grau untermischt. Mich erkannte er nicht wieder, und er legte keineswegs eine übermäßige Freude an den Tag, als ihm Punin meinen Namen nannte; nicht einmal mit den Augen lächelte er — kaum daß er mit dem Kopfe nickte. Dann fragte er mich, ob meine Großmutter noch lebe, und zwar in einem höchst trockenen, gleichgültigen Tone, als wollte er sagen: „Mich versetzest du durch deinen abligen Besuch nicht in Erstaunen; ich finde ihn durchaus nicht schmeichelhaft." Der Republikaner war Republikaner geblieben.

Musa kam zurück. Ihr folgte eine gebrechliche alte Magd mit einer nicht gerade sehr sauber gehaltenen Theemaschiene. Punin lief, mich zum Trinken nöthigend, geschäftig hin und er. Baburin setzte sich an den Tisch, stützte den Kopf in beide Hände und ließ den müden Blick im Zimmer umhergleiten. Nach dem Thee jedoch wurde er gesprächig. Es zeigte sich, daß er nicht sehr zufrieden war mit seiner Stellung.

„Ein grober Klotz, kein Mensch!" so ließ er sich über seinen Prinzipal aus. „Seine Untergebenen sind für ihn weiter nichts als — Kehricht! Und dabei ist's noch gar nicht lange her, daß er selbst den Bauernrock ausgezogen hat! Rohheit und Geldgier — die sind ihm auf die Stirn gezeichnet. Sogar in den Klauen der Regierungsbeamten ist man nicht so übel dran! Und bei alledem ist der hiesige Handel auf nichts weiter als auf Betrug gegründet und kann sich auch nur durch Betrug halten!"

Bei diesen wenig erfreulichen Ergüssen seufzte Punin bekümmert tief auf, bestätigte seines Gönners Klagen und schüttelte mit dem Kopfe, bald von oben nach unten

halb von rechts nach links. Musa beobachtete hartnäcki=
ges Schweigen. Offenbar quälte sie der Gedanke, ob ich
schweigen oder ausplaudern würde, und ob ich, wenn ich
schwieg, vielleicht böse Absichten dabei hätte ... Beständig
sah man unter den halbgesenkten Brauen hervor ihre
schwarzen, scharfen, unruhigen Augen blitzen. Mich blickte
sie nur ein einziges Mal an, aber so forschend, so durch=
dringend — fast boshaft; ich fuhr ordentlich zusammen.
Baburin sprach nur sehr selten mit ihr. Aber jedesmal,
wenn er sie anredete, fühlte man aus seiner Stimme eine
finstere, nichts weniger als väterliche Zärtlichkeit heraus.

Dagegen war Punin unablässig mit Musa beschäftigt.
Aber auch ihm antwortete sie nur widerwillig. Es fiel
mir auf, daß Punin sie sein Schneehühnchen, sein Schnee=
flöckchen nannte.

„Warum geben Sie Musa Pawlowna so seltsame
Namen?" fragte ich.

Punin lachte.

„Darum weil sie so überaus kalt gegen uns ist."

„Das ist ganz vernünftig von ihr," nahm Baburin
das Wort; „so ziemt es sich für ein junges Mädchen."

„Wir könnten sie ebenso gut unsre Frau Wirthin
nennen," rief Punin aus — „nicht wahr, Paramon Se=
menitsch?"

Baburin machte ein finsteres Gesicht; Musa aber wandte
sich ab. Was mich angeht, so verstand ich damals diese
Anspielung nicht.

So verstrichen zwei Stunden — nicht grade sehr an=
genehm, obschon Punin in jeder Weise bemüht war, die
ehrenwerthe Gesellschaft zu unterhalten. So stellte er
sich unter anderm vor einen der Käfige mit den Kanarien=
vögeln, öffnete das Thürchen und commandirte:

„Auf die „Kuppel" mit dir und ein Concert zum
besten gegeben!"

Flugs kam der Kanarienvogel herausgeflattert, setzte

sich auf die „Kuppel", d. h. auf Punins kahlen Schädel und begann, mit seinen Flügelchen schlagend und sich von einer Seite zur andern drehend, aus allen Kräften zu schmettern. Während des ganzen Concerts regte Punin sich nicht, nur daß er mit dem Finger leise dirigirte und mit den Augen blinzelte. Ich konnte mich nicht enthalten in lautes Gelächter auszubrechen; aber weder Baburin noch Musa stimmte ein in mein Lachen.

Kurz vor meinem Fortgehen überraschte Baburin mich mit einer unerwarteten Frage. Er wünschte nämlich von mir — als einem Jünglinge, der die Universität besuchte — zu erfahren, was für eine Persönlichkeit Zeno gewesen und was ich von ihm halte.

„Was für ein Zeno?" fragte ich mit einiger Verwunderung.

„Zeno der alte Weise. Sollte er Ihnen etwa nicht bekannt sein?"

Ich erinnerte mich dunkel eines gewissen Zeno als des Stifters der stoischen Schule; weiter aber wußte ich über diesen Mann absolut nichts.

„Ja er war Philosoph," sagte ich endlich.

„Zeno," fuhr Baburin in gemessenem, belehrendem Tone fort, „war jener griechische Weise, der den Ausspruch that, daß Leiden kein Uebel sei, weil die Geduld alles überwinde, und daß es nur ein Gutes in der Welt gäbe, nämlich die Gerechtigkeit; daß selbst die Tugend nichts weiter sei als Gerechtigkeit."

Punin spitzte andächtig die Ohren.

„Diesen Ausspruch," belehrte Buburin mich weiter, „hat mir ein Mann mitgetheilt, der im Besitz vieler alter Bücher ist ... Das Wort des alten Weisen hat mir sehr gefallen. Aber wie ich sehe, beschäftigen Sie sich mit derartigen Gegenständen nicht."

Baburin sagte die Wahrheit: mit derartigen Gegenständen beschäftigte ich mich nicht. Und doch war ich, seit

ich die Universität besuchte, ein ebenso eifriger Republi=
kaner wie er selbst. War es doch eine wahre Wonne für
mich, mit jemand über Mirabeau und Robespierre mich
unterhalten zu können — besonders über Robespierre! —
(Ueber meinem Schreibtisch hingen die Lithographien von
Fouquier=Tainville und Chenier!) — Aber Zeno?!...
Wie kam Baburin auf Zeno zu sprechen?

Als ich mich verabschiedete, drang Punin sehr nach=
drücklich in mich, sie am folgenden Tage, einem Sonn=
tage, wieder zu besuchen. Baburin unterließ es mich ein=
zuladen, ja er murmelte sogar durch die Zähne, daß ein
Verkehr mit so schlichten bürgerlichen Leuten mir kein son=
derliches Vergnügen gewähren könne und daß es meiner
Großmutter wahrscheinlich nicht angenehm sein werde...

Aber ich unterbrach ihn und machte ihm bemerklich,
daß meine Großmutter mir nichts mehr zu befehlen habe.

„Sind Sie denn schon in den Besitz der Güter gelangt?"
fragte Baburin.

„Nein, noch nicht," gab ich zur Antwort.

„Nun, dann..."

Baburin vollendete den Satz nicht; aber ich ergänzte
ihn statt seiner: „Dann bist du auch noch ein unmündi=
ger Knabe! — Leben Sie wohl," sagte ich laut und ent=
fernte mich.

Schon hatte ich die Straße gewonnen, als plötzlich
Musa aus dem Hause geeilt kam, mir ein zerknittertes
Blättchen Papier in die Hand drückte und augenblicklich
wieder verschwand. Bei dem nächsten Laternenpfahl ent=
faltete ich den Zettel — es war ein Billet. Mit Mühe
entzifferte ich die blassen, mit Bleistift hingeworfenen
Zeilen.

„Um Gotteswillen" — schrieb mir Musa — „kommen
Sie morgen nach dem Hochamt in den Alexandergarten
neben dem Kutafiathurm werde ich Sie erwarten schlagen

Sie mirs nicht ab machen Sie mich nicht unglücklich ich muß Sie unbedingt sprechen."

Orthographische Fehler enthielt das Briefchen nicht, aber auch keine Interpunktionszeichen.

Erwartungsvoll kehrte ich nach Hause zurück.

* * *

Etwa eine Viertelstunde vor der anberaumten Zeit befand ich mich am andern Tage an Ort und Stelle. Es war im Beginn des April. Die Knospen hatten soeben zu schwellen, die Rasen sich mit Grün zu bedecken angefangen und in dem blätterlosen Fliebergesträuch zwitscherten und jagten sich lärmend die Spatzen. Zu meiner nicht geringen Verwunderung gewahrte ich etwas abseits, unweit der Mauer, Musa Pawlowna. Sie war mir zuvorgekommen. Ich ging auf sie zu; aber sie eilte mir entgegen.

„Gehen wir zu der Mauer dort," raunte sie mir hastig zu, und die gesenkten Blicke irrten unstät am Boden hin und her — „hier sind Leute um uns."

Wir schlugen den betreffenden Weg ein.

„Musa Powlowna," begann ich ...

Aber sie fiel mir sofort in die Rede.

„Ich bitte Sie," sprach sie wieder in hastigem, halblautem Tone — „verurtheilen Sie mich nicht, denken Sie nichts Schlechtes von mir! Ich habe Ihnen den Brief geschrieben, Sie hierher bestellt — weil ... ich fürchtete .. Gestern wollt' es mir scheinen, als machten Sie sich über uns alle lustig ... Hören Sie," fuhr sie plötzlich mit Nachdruck fort, indem sie stehen blieb und sich nach mir umwandte; „hören Sie: wenn Sie jemand etwas sagen ... wenn Sie erzählen, bei wem wir uns gesehen, so spring' ich ins Wasser, so ertränk' ich mich, so leg' ich Hand an mich!"

Und da zum ersten Mal schaute sie mir mit dem mir bereits bekannten scharfen, forschenden Blick in die Augen.

„Wenn sie das thäte ... wirklich, das wäre noch etwas!" dachte ich still bei mir.

„Ich bitte Sie, Musa Pawlowna," beeilte ich mich zu sagen, „wie können Sie eine so schlechte Meinung von mir haben? Wie, ich sollte fähig sein einen Freund zu verrathen und Ihnen Ungelegenheiten zu bereiten! Uebrigens liegt auch, so viel mir bekannt, nichts Anstößiges in Ihren gegenseitigen Beziehungen ... Sie können sich Gott sei Dank beruhigen."

Musa hörte mich an ohne sich von der Stelle zu rühren; aber die Augen hatte sie wieder zu Boden geschlagen.

„Ich muß Ihnen etwas mittheilen," begann sie, wieder weiter gehend — „Sie könnten mich sonst für wahnsinnig halten! ... Ich muß Ihnen mittheilen, daß jener Alte mich heirathen will!"

„Welcher Alte? Der kahlköpfige? Punin?"

„Nein — nicht der. Der andere ... Paramon Semenitsch."

„Baburin?"

„Derselbe."

„Wie, der hat Ihnen einen Antrag gemacht!"

„Freilich hat er das."

„Aber Sie haben ihm doch natürlich einen Korb gegeben?"

„Nein, ich habe seinen Antrag angenommen ... weil ich damals von all den Dingen noch nichts verstand. Jetzt ... jetzt ist die Sache eine andere."

Ich schlug die Hände zusammen.

„Baburin und — Sie! Er ist ja schon gegen fünfzig Jahre alt!"

„Er sagt dreiundvierzig. Aber der Umstand thut nichts zur Sache. Zählte er auch erst fünfundzwanzig —

ich würde ihn trotzdem nicht nehmen. Ist das ein Leben! Ganze Wochen vergehen oft, ohne daß er nur ein einziges Mal lächelt! Paramon Semenitsch ist mein Wohlthäter, ich bin ihm sehr viel Dank schuldig, er hat mich, das von aller Welt verlassene Waisenkind, untergebracht und erzogen, ohne ihn wäre ich zu Grunde gegangen, ich muß ihn ehren und hochschätzen wie einen Vater ... Aber sein Weib werden! Lieber sterben! Lieber auf der Stelle hinunter ins Grab!"

„Aber wie können Sie nur immer vom Sterben reden, Musa Pawlowna?"

Musa blieb wieder stehen.

„Ist denn das Leben so schön? Da ist Ihr Freund, Wladimir Nikolajewitsch — ich kann sagen, nur aus Kummer und Gram habe ich mich in ihn verliebt ... Und da auf der andern Seite Paramon Semenitsch mit seinen Heirathsanträgen ... Punin treibt es, obgleich er mich bis zum Ueberdruß mit seinen Gedichten plagt, doch nicht bis zum äußersten; er zwingt mich wenigstens nicht, des Abends, wenn mir der Kopf vor Müdigkeit auf die Schulter sinkt, noch im Karamsin zu lesen! ... Was thu' ich mit solchen Greisen — mit Greisen, die sich über mich beklagen, wenn ich kalt gegen sie bin! Wie könnt' ich auch herzlich ihnen gegenüber sein? Sie mögen mich dazu zwingen und ich geh' ihnen auf und davon! Paramon Semenitsch führt ewig das Wort „Freiheit" im Munde. Nun, auch ich liebe die Freiheit. Jedem Menschen seinen freien Willen, nur ich soll wie ein Gefangener bewacht werden! Ich werde ihm das selbst sagen. Aber wenn Sie mich verrathen oder auch nur eine Anspielung machen — bedenken Sie's wohl, dann haben Sie mich zum letzten Mal gesehen!"

Musa blieb mitten auf dem Wege stehen.

„So haben Sie mich zum letzten Mal gesehen!" wiederholte sie mit durchbringender Stimme.

Aber auch jetzt schlug sie die Augen noch nicht zu mir
auf: als hätte sie gewußt, daß sie sich unfehlbar verrieth,
daß sie offenbarte, was in ihrer Seele vorging, wenn
jemand ihr grad ins Auge schaute. — (Daher richtete
sie auch nicht anders als aus Liebe oder im Zorn den
Blick empor — und fest ließ sie ihn dann auf dem
Manne ruhen, mit dem sie sprach.) — Aber ihr kleines,
rosafarbenes, anmuthiges Gesicht trug den Stempel eiser=
ner Entschlossenheit.

„Nun,“ — dachte ich bei mir — „Tarchoff hat recht:
dieses Mädchen ist wirklich ein ganz neuer Typus.“

„Meinetwegen brauchen Sie durchaus nicht besorgt zu
sein,“ brachte ich endlich heraus.

„Wirklich nicht? Selbst wenn ... Sie sagten da so=
eben etwas über unsre gegenseitigen Beziehungen ... Also
selbst in dem Falle ...“

Sie verstummte.

„Auch in dem Falle haben Sie nichts von von mir
zu besorgen, Musa Pawlowna. Ich bin nicht zu Ihrem
Richter bestellt; hier,“ fuhr ich, auf meine Brust deutend,
fort, „hier ist Ihr Geheimniß ewig begraben! Glauben
Sie mir, ich weiß es zu würdigen ...“

„Haben Sie meinen Brief bei sich?“ fragte Musa
plötzlich.

„Ja.“

„Wo ist er?“

„Hier in der Tasche.“

„Geben Sie ihn mir ... schnell, schnell!“

Ich holte das Billet zum Vorschein. Hastig ergriff
sie es mit ihrem zarten Händchen und trat dann, als
wollte sie mir danken, etwas näher an mich heran. Aber
plötzlich fuhr sie zusammen, schaute sich um und eilte,
ohne auch nur Abschied von mir zu nehmen, schnell von
bannen.

Ich blickte ihr nach und siehe da! nicht weit von dem

Kutafiathurm zeigte sich, eingehüllt in einen Almaviva — (die Almaviva's waren damals sehr in der Mode) — eine Gestalt, in der ich sofort Tarchoff erkannte.

„Aha, Freundchen" — dachte ich — „wenn du Schildwacht stehst, hat man's dich jedenfalls wissen lassen..."

Und ein Liedchen vor mich hinsummend, kehrte ich wieder heim.

* * *

Noch hatte ich am andern Morgen meinen Thee nicht eingenommen, als Punin zu mir ins Zimmer trat. Er zeigte ein etwas bekümmertes Gesicht, machte tiefe Bücklinge, blickte sich besorgt um und bat um Verzeihung wegen seiner „Unbescheidenheit". Ich beeilte mich ihn zu beruhigen. Ich sündiger Mensch, ich glaubte, Punin sei gekommen, um Geld von mir zu borgen. Aber er beschränkte sich darauf, mich um ein Gläschen Thee mit Rum zu bitten — da ja mit dem Samowar noch nicht aufgeräumt sei.

„Mit bebenden Knieen und pochendem Herzen habe ich Ihre Schwelle betreten," begann er, sich ein Stückchen Zucker abbeißend. „Sie scheue ich nicht, wol aber fürcht' ich mich vor Ihrer achtungswerthen Großmutter. Auch muß ich mich, wie ich Ihnen schon einmal gestand, meines Anzugs schämen."

Punin fuhr mit dem Finger über die Einfassung seines fadenscheinigen Rockes.

„Zu Hause hat's nichts zu sagen, auch auf der Gasse ist er mir gut genug; doch kaum trittst du in Paläste von Gold — man gleich dir mehr Beachtung zollt — und beschämt steht dann der Mann — der nur ein ärmlich Kleid hat an."

Ich bewohnte zwei kleine Zimmer im Zwischengeschoß und selbstredend war es noch keinem Menschen eingefallen, sie mit poetischer Freiheit einen Palast oder gar einen

Palast von Gold zu nennen, aber wahrscheinlich meinte Punin der Großmutter ganzes Haus, das sich übrigens auch nicht durch Luxus auszeichnete ...

Er machte mir Vorwürfe darüber, daß ich sie gestern Abend nicht besucht hatte.

„Paramon Semenitsch," sagte er, „hatte Sie erwartet, obschon er zum voraus überzeugt war, daß Sie nicht kommen würden. Auch Musachen glaubte, Sie würden uns wieder heimsuchen."

„Wie, auch Musa Pawlowna?" fragte ich.

„Auch Musa. Nicht wahr, eine holde Jungfrau haben wir da bei uns im Hause?"

„Ein sehr liebenswürdiges Mädchen," bestätigte ich.

Mit ungewöhnlicher Hast fuhr Punin sich über das entblößte Haupt.

„Eine Schönheit, mein lieber Herr, eine Perle oder vielmehr ein Brillant, ein wahrer Brillant!"

Er neigte sich herab an mein Ohr.

„Ebenfalls aus abligem Geblüt," rannte er mir zu; „jedoch nur so — Sie werden mich schon verstehen — nur so von der linken Seite ... man hatte von der verbotenen Frucht genascht ... Nun, die Eltern starben, die Verwandten ließen sie im Stich und überantworteten sie der Willkür des Schicksals, das heißt der Verzweiflung, dem Hungertode! Aber da ersteht ihr in Paramon Semenitsch, dem immer dienstbereiten Paramon Semenitsch, ein Retter! Er nahm sie auf, kleidete sie, wärmte sie, machte sie zu unserm Nestling und siehe da! unser Prinzeßchen blühte auf! Ich versichere Sie, er ist ein Mann von wahrhaft seltenen Verdiensten!"

Punin warf sich zurück in seinem Sessel, schwenkte mit den Armen und sich dann wieder vorneigend begann er abermals und zwar noch geheimnißvoller mir zuzuraunen:

„Auch Paramon Semenitsch, müssen Sie wissen, ist von hoher Herkunft ... und ebenfalls so von der linken

Seite. Man behauptet, sein Vater sei ein regierender Fürst von Georgien gewesen, aus dem Geschlecht des Königs David... Was sagen Sie dazu: aus dem Geschlecht des Königs David?! Wie wenig Worte das und doch wie inhaltsschwer! Andern Nachrichten zufolge war ein gewisser indischer Schah Babur mit dem Beinamen der Elephant der Ahnherr des Paramon Semenitsch! Großartige Geschichten das, nicht wahr?"

„Und wurde," fragte ich, „auch Baburin der „Willkür des Schicksals" überantwortet?"

Punin fuhr sich wieder über seinen kahlen Schädel.

„Versteht sich! Versteht sich! Und zwar mit noch größerer Härte als unser schönes Prinzeßchen. Von frühester Kindheit an hatte er ununterbrochen den Kampf ums Dasein zu kämpfen! Offen gestanden, die Schicksale des Paramon Semenitsch haben mich sogar einmal zu einem kleinen Gedicht begeistert, das ich unter sein Porträt gesetzt. Warten Sie mal... wie lautet es doch wieder?... Ja so:

„Noch lag Baburin in der Windeln Geflechte,
Als schon verfolgten ihn des Schicksals Mächte.
Doch wie durch Nebel noch die Sonne glänzet —
Also der Lorbeerzweig, der seine Stirn bekränzet."

Punin trug diese Reime in gemessenem, singendem Tone vor, ganz so wie derartige Verslein gelesen sein wollen.

„Also darum ist er Republikaner!" rief ich aus.

„Nein, nicht aus dem Grunde," versicherte Punin treuherzig. „Seinem Vater hat er längst vergeben; aber er kann nun einmal keine Ungerechtigkeit ertragen; und dabei geht ihm fremdes Leid ebenso nahe wie eigenes Ungemach."

Gern hätte ich die Rede darauf gebracht, was ich gestern Mittag von Musa erfahren, nämlich auf Baburins Brautwerbung; aber ich wußte nicht, wie ich die Sache auffaffen follte … Zu meiner Freude zog Punin selbst mich aus der Verlegenheit.

„Sagen Sie mal, haben Sie nichts gemerkt?" fragte er mich plötzlich, verschmitzt mit seinen kleinen Augen blinzelnd. „Ist Ihnen, als Sie bei uns waren, nichts aufgefallen?"

„Was hätte mir denn auffallen sollen?" versetzte ich.

Punin blickte sich über die Achsel, wie um sich zu überzeugen, daß niemand uns belauschen konnte.

„Unser schönes Mufachen wird bald in den Stand der heiligen Ehe treten!"

„Wie …!"

„Sie wird Madame Baburin," brachte er mit Mühe heraus, und dann schlug er sich klatschend auf die Lenden und begann mit dem Kopfe zu nicken wie ein aus Porzellan fabrizirter Chinese.

„Unmöglich!" rief ich mit erheuchelter Verwunderung aus.

Punins Kopf bekam augenblicklich wieder Festigkeit und seine Hände waren wie erstarrt.

„Aber warum denn unmöglich? — Wenn's erlaubt ist zu fragen?"

„Weil Paramon Semenitsch ganz gut der Vater des jungen Fräuleins sein könnte; weil ein so großer Unterschied der Jahre jeden Glauben an das Vorhandensein von Liebe ausschließt — auf Seiten der Braut nämlich."

„Ausschließt!" versetzte Punin hitzig. „Und die Dankbarkeit? Und die Reinheit des Herzens? Und die Zärtlichkeit der Triebe! Ausschließt! Geruhen Sie doch einmal Folgendes zu erwägen: Angenommen, Musa ist das allerschönste Mädchen; aber Baburins Liebe sich erwerben, sein Trost, seine Stütze und endlich gar seine Gattin werden — ist das nicht das höchste Erdenglück sogar für ein solches Mädchen? Und das begreift sie! Beobachten Sie sie doch, werfen Sie doch einmal einen aufmerksamen Blick auf sie! Musachen ist vor Paramon Semenitsch ganz Ehrerbietung, ganz Furcht und Entzücken!"

„Darin eben liegt das Unglück, Nikander Wawilitsch, daß sie, wie Sie selbst sagen, ganz Furcht vor ihm ist! Wen man liebt, den fürchtet man nicht."

„Auch das bestreite ich! Da haben Sie z. B. mich: mehr als ich, darf ich wol behaupten, kann kein Mensch auf Erden Paramon Semenitsch lieben, und dennoch — und dennoch fürchte ich ihn!"

„Mit Ihnen — das ist eine andere Sache ..."

„Warum eine andere Sache? Warum? Warum?" versetzte Punin.

Ich erkannte ihn fast nicht wieder; er sprach in hitzigem, ernsthaftem, beinah zornigem Tone und — ohne Reime.

„Nein," fuhr er fort, „ich merk' es schon: Ihr Blick ist nicht geschärft genug für solche Dinge. Nein, ein Kenner des menschlichen Herzens sind Sie nicht!"

Ich gab es auf, ihm länger zu widersprechen; und um der Unterhaltung eine andere Wendung zu geben, machte ich ihm den Vorschlag, uns wie in frühern Zeiten etwas mit Lectüre zu beschäftigen.

Eine Weile beobachtete Punin Schweigen.

„Was sollen wir denn lesen — einen ältern Dichter?" fragte er endlich.

„Lesen wir etwas von einem neuern Autor."

„Von einem neuern?" wiederholte Punin mißtrauisch.

„Nehmen wir etwas von Puschkin," sagte ich.

Ich dachte grade an „die Zigeuner", von denen mir unlängst Tarchoff gesprochen. Es befindet sich darin ein Lied von einem alten Manne. Punin machte einige Umständlichkeiten, aber ich placirte ihn, damit er besser hören könnte, auf den Divan und begann zu lesen ...

Wir waren gekommen bis zu der Stelle von „dem alten, dem schrecklichen Manne".

Punin hörte die Strophe bis zu Ende an und — sprang plötzlich ungestüm auf.

„Ich kann nicht mehr!" sprach er mit tiefer, sogar mit auffälliger Erregtheit. „Verzeihen Sie, aber diesen Schriftsteller kann ich nicht länger anhören. Das ist ein unsittlicher Pasquillant, ein Lügner ... Er regt mich im Innersten auf. Ich kann nicht mehr! Erlauben Sie mir meinen heutigen Besuch abzukürzen."

Ich versuchte ihn zurückzuhalten. Aber mit einer gewissen einfältigen, schreckhaften Halsstarrigkeit beharrte er auf seinem Vorsatz. Mehrmals wiederholte er, daß er sich aufgeregt fühle und hinaus müsse an die frische Luft, wobei seine Lippen leise zitterten, während seine Augen sorgfältig vermieden, den meinen zu begegnen — als ob ich ihn beleidigt hätte. Und so ließ ich ihn gehen.

Kurz nachher entfernte ich mich ebenfalls und ging Tarchoff aufsuchen.

* * *

Ohne mich erst anzumelden, ganz nach der bei Studenten üblichen wenig ceremoniösen Weise drang ich ohne weiteres in seine Wohnung. Im ersten Zimmer war niemand anwesend. Ich rief Tarchoff bei Namen und schon wollte ich mich, da ich keine Antwort erhielt, wieder entfernen, als die Thür des Nebenzimmers aufging und mein Freund erschien. Er sah mich mit etwas seltsamen Blicken an und reichte mir schweigend die Hand. Ich war mit dem Vorsatz gekommen, ihm alles das zu erzählen, was ich von Punin erfahren hatte; und obschon ich sofort merkte, daß mein Besuch ihm nicht gelegen kam, so endete doch die Sache damit, daß ich ihn, nachdem wir eine Weile über alltägliche Dinge gesprochen, von Baburins Absichten in Betreff Musas in Kenntniß setzte.

Diese Nachricht erregte, wie es schien, nicht grade sehr sein Erstaunen. Still setzte er sich an den Tisch, sah

mich mit forschenden Blicken an und gab, immer noch
Schweigen beobachtend, seinen Gesichtszügen einen Aus=
druck … einen Ausdruck, als hätte er sagen wollen:
‚Nun, was haſt du mir noch weiter zu erzählen? Wolan,
ſetze mir deine Ideen nur auseinander!‘

Ich blickte ihm aufmerkſamer ins Geſicht: Der Aus=
druck deſſelben ſchien mir fröhlich, etwas ſpöttiſch, ja ſo=
gar etwas impertinent. Aber das hinderte mich nicht,
ihm meine Ideen auseinanderzuſetzen. Im Gegentheil, ich
dachte jetzt: ‚Du willſt dich mir von deiner ſtarken Seite
zeigen; gut, dann werde auch ich keine Nachſicht mit dir
haben!‘

Und ſo ging ich denn ſogleich friſchweg dazu über,
eine Betrachtung zu halten über die verderblichen Folgen
der Leidenſchaften, über die Pflicht eines jeden Menſchen,
ſeines Mitbruders Freiheit und Eigenart zu achten —
kurz ich las in beſter Form ein Colleg über Moral und
Verwandtes.

Behufs größerer Bequemlichkeit ging ich während
meines Vortrags im Zimmer auf und nieder. Tarchoff
hörte mir ruhig zu, er rührte ſich nicht einmal auf ſeinem
Stuhle, nur daß ſeine Finger mit den Enden ſeines
Schnurrbärtchens ſpielten.

Was mich eigentlich bewegte als Sittenprediger auf=
zutreten, war mir ſelbſt nicht recht klar; wahrſcheinlich
war es Neid, aber ganz gewiß nicht moraliſche Entrü=
ſtung!

„Ich weiß,“ fuhr ich fort, „daß das keine leichte Sache
iſt. Ich bin überzeugt, daß du Muſa liebſt und daß
Muſa dich liebt und daß es ſich bei dir nicht um eine
augenblickliche Laune handelt … Aber ſetzen wir einmal
den Fall — (Hier kreuzte ich meine Arme über der Bruſt)
— ſetzen wir einmal den Fall, du hätteſt deine Leiden=
ſchaft befriedigt — was dann? Heirathen wirſt du ſie
ja doch nicht und trotzdem vernichteſt du das Glück eines

braven, ehrlichen Mannes, ihres Wohlthäters, und viel=
leicht — wer kann's wissen? (Hier drückte mein Gesicht
zugleich Scharfsinn und Trauer aus) — vielleicht auch
ihr eigenes Glück..."

u. s. w., u. s. w., u. s. w. !!!

In dieser Tonart ging's etwa eine Viertelstunde lang
fort. Tarchoff that noch immer nicht den Mund auf.
Seine Schweigsamkeit begann mich schließlich zu beunruhi=
gen. Von Zeit zu Zeit warf ich verstohlen einen Blick
zu ihm hinüber, nicht sowol um den Eindruck zu beob=
achten, den meine Worte auf ihn machten, als um eine
Erklärung dafür zu finden, daß er mir nicht widersprach
oder Recht gab, sondern basaß just wie ein Taubstummer.
Endlich jedoch bemerkte ich, daß mit seinem Gesicht eine
Veränderung — ja in der That eine Veränderung vor=
gegangen. Es drückte Aufregung und Unruhe, eine melan=
cholische Unruhe aus... Aber — seltsame Erscheinung!
— jenes heitere, fröhliche, spöttische Etwas, das mich bei
dem ersten Blick, den ich auf Tarchoff geworfen, so sehr
frappirt hatte — es war trotzdem noch nicht verschwunden
aus diesem aufgeregten, schwermüthigen Gesicht! Noch
wußte ich nicht, ob ich mir zu dem Erfolg meiner Pre=
bigt gratuliren sollte, als plötzlich Tarchoff aufstand, mir
beide Hände drückte und in hastigem Tone sagte:

„Ich danke dir, ich danke dir... du bist mein wahrer
Freund... Aber jetzt, bitte, verlaß mich jetzt."

Ich wurde ganz verblüfft.

„Wie... dich verlassen!"

„Ja, thu' mir die Liebe. Du wirst begreifen, daß
ich das, was du mir da mitgetheilt hast, erst reiflich
erwägen muß... Ich zweifle nicht daran, daß du recht
hast, aber — verlaß mich jetzt."

„Du bist so aufgeregt..." begann ich.

„Aufgeregt? Ich?"

Tarchoff lachte, wurde aber sofort wieder ernsthaft.

„Ja du haſt recht. Wie wär's auch anders möglich? Du ſagſt ja ſelbſt, das ſei keine leichte Sache. Ja, ſie will überlegt ſein — in der Einſamkeit."

Abermals preßte er mir die Hände.

„Leb wohl, Freund, leb wohl!"

„Leb wohl," verſetzte ich, „leb wohl, lieber Freund!"

Beim Hinausgehen warf ich einen letzten Blick auf Tarchoff. Sein Geſicht drückte Zufriedenheit aus. Worüber? Daß ich als ſein wahrer Freund und Kamerad ihn auf das Schlüpfrige des Weges, den er betreten, aufmerkſam gemacht hatte? Oder — weil ich wegging?

Die verſchiedenartigſten Gedanken ſchwirrten mir während dieſes ganzen Tages durch den Kopf, und ſie quälten mich ſogar noch am Abend, ja ſelbſt in dem Augenblick, da ich das von Punin und Baburin bewohnte Haus betrat; denn ſie ſuchte ich noch an dieſem ſelben Tage auf.

* * *

Punin hatte mir bei Gelegenheit ſeines Beſuchs erzählt, ich wäre am vorhergehenden Abend erwartet worden. Mag ſein. Aber an dieſem Tage hatte mich entſchieden niemand erwartet ... Ich traf alle Drei zu Hauſe und alle Drei waren über mein Kommen nicht wenig erſtaunt. Punin und Baburin waren beide krank. Punin hatte Kopfweh und lag, das Haupt mit einem bunten Tuche umwickelt und gegen jede Schläfe ein Stück Gurke preſſend, mit eingezogenen Beinen auf der Ofenbank. Baburin litt am Gallenfieber. Ueber und über gelb, faſt braun, um die Augen dunkle Ringe, die Stirn von Runzeln durchfurcht und das Kinn mit Stoppeln bedeckt — ſo ſah er in der That ſehr wenig einem Bräutgam ähnlich! Ich wollte ſofort wieder gehen. Aber man ließ mich nicht fort und präſentirte mir ſogar Thee. Ungemüthlich ſchlich der Abend hin. Muſa hatte allerdings weder Kopfweh noch litt sie am Gallenfieber, sie war sogar weniger menschenscheu als gewöhnlich; aber sie war schlecht gelaunt: offenbar hatte sie sich geärgert ... Endlich konnte sie ihren Unmuth nicht länger verwinden und mir eine Tasse Thee reichend raunte sie mir hastig zu:

„Was Sie dort auch reden, wie Sie sich auch abmühen, Sie werden nichts erreichen — verstanden?"

Verwundert sah ich sie an und einen günstigen Moment abpassend fragte ich sie, ebenfalls in halblautem Tone:

„Wie habe ich Ihre Worte zu verstehen?"

„Sie haben sie so zu verstehen," antwortete sie und ihre schwarzen, boshaft unter den zusammengezogenen Brauen hervorfunkelnden Augen hefteten sich mir eine Secunde fest ins Gesicht und blickten dann sofort wieder zur Erde: „Sie haben meine Worte so zu verstehen, daß ich alles gehört habe, was Sie heute Morgen dort vorgetragen haben und ich spreche Ihnen hiermit meinen Dank dafür aus, aber — Ihren Zweck haben Sie nicht erreicht."

„Wie, Sie waren dort anwesend!" rief ich unwillkürlich aus ...

Aber da wurde Baburin aufmerksam auf uns und blickte herüber.

Musa verließ mich.

Nach Verlauf von zehn Minuten war es ihr wieder geglückt, in meine Nähe zu kommen. Es machte ihr ordentlich Vergnügen, mit mir über gefährliche Dinge zu reden, noch dazu in Gegenwart, unmittelbar unter den Augen ihres Nährvaters — als wollte sie dadurch verbergen, wie sehr ihr daran gelegen, nicht seinen Argwohn zu erregen. Wie man weiß, ist's eine beliebte Beschäftigung der Frauen, hart am Rande des Abgrundes zu lustwandeln.

„Ja ich war dort anwesend," flüsterte Musa, ohne eine

Muskel ihres Gesichts zu bewegen; nur die feinen Nasen=
flügelchen sah ich leis erzittern und die Lippen sich spött=
tisch kräuseln. — „Und wenn Paramon Semenitsch mich
fragt, was ich hier mit Ihnen zu flüstern habe, so werde
ich's ihm sofort erzählen. So, nun wissen Sie Bescheid!"

„Seien Sie vorsichtiger," ermahnte ich; „in der That,
man scheint uns zu beobachten …"

„Ich wiederhole Ihnen, daß ich bereit bin alles zu
erzählen. Und wer sollte uns denn beobachten? Der da
auf der Ofenbank reckt den Hals wie eine kranke Ente
und hört doch nichts, und der andere brütet über philo=
sophischen Sentenzen. Sie brauchen also keine Angst zu
haben."

Musa's Stimme wurde immer lauter und ihre Wan=
gen hatten sich nach und nach mit einer gewissen schaden=
frohen, dunkeln Röthe bedeckt — und wunderbar stand
ihr das zu Gesicht, niemals hatte ich sie so schön gesehen!
Den Tisch abräumend und Tassen und Teller zurückstel=
lend bewegte sie sich schnell im Zimmer auf und ab. Es
lag etwas Herausforderndes in ihrem ungezwungenen
leichten Gange, als wollte sie mir zurufen: „Beurtheile
mich nur wie dir's beliebt; mir ist das völlig gleichgültig;
dich fürcht' ich nicht."

Ich kann hier nicht verhehlen, daß Musa mir ganz
verführerisch vorkam — an jenem Abend nämlich. Ja,
dachte ich, das ist eine Zauberin, ein wirklich „neuer Ty=
pus" … Eine solche Schönheit! Diese Hände könnten
mich immerhin schlagen — ich machte mir nichts daraus!

Als ich ins Vorzimmer hinaustrat, gab sie mir das
Geleit; natürlich that sie das nicht aus Höflichkeit, son=
dern immer noch aus schadenfroher Bosheit. Beim Ab=
schied fragte ich sie:

„Lieben Sie ihn denn wirklich so leidenschaftlich?"

„Ob ich ihn liebe oder nicht, das ist meine Sache,
das geht niemand etwas an!"

„Seien Sie vorsichtig, spielen Sie nicht mit dem Feuer ... sonst verbrennen Sie sich."

„Besser sich verbrennen als erfrieren. Aber Sie — Sie mit Ihren Rathschlägen! Woher wissen Sie, daß er mich nicht heirathen wird? Woher wissen Sie, daß ich absolut seine Frau werden will? Und wenn ich zu Grunde gehe — was kümmert das Sie?"

Damit warf sie die Thür hinter mir ins Schloß.

Ich erinnere mich, daß es mir auf dem Heimwege ein recht angenehmer Gedanke war, die Ueberzeugung zu haben, daß dieser „neue Typus" meinem Freunde Wladimir Tarchoff noch gar manche bittere Stunde bereiten werde ... Nun, mit irgend etwas mußte er ja doch sein Glück bezahlen!

Freilich, daran konnte ich zu meinem Bedauern nicht mehr zweifeln, daß er und Musa jetzt ein Herz und eine Seele waren.

* * *

Drei Tage waren verstrichen. Ich saß in meinem Zimmer vor dem Schreibtisch, hatte gearbeitet und schickte mich grade an das Frühstück einzunehmen, als ich ein Geräusch vernahm, den Kopf umwandte und — wie vom Donner gerührt auffuhr! Vor mir stand eine regungslose, schreckliche, kreidebleiche, gespensterhafte Gestalt, vor mir stand — Punin! Langsam mit den eingefallenen kleinen Augen blinzelnd blickte er mich wie ein Blödsinniger, wie ein plötzlich aufgescheuchter Hase an, und die Arme hingen schlaff an ihm herab wie Peitschenschnüre.

„Nikander Wawilitsch! Was ist Ihnen? Wie sind Sie hierhergekommen? Was ist geschehen? ... So sprechen Sie doch!"

„Sie ist fort" — brachte Punin mit heiserm, kaum vernehmlichem Flüstern heraus.

„Was sagen Sie da?!"

„Sie ist fort," wiederholte er.

„Wer?"

„Musa. Heute Nacht ist Sie fortgegangen ... unter Zurücklassung eines Zettels."

„Eines Zettels?"

„Ja. ‚Ich danke Ihnen für alles, was Sie an mir gethan,' schreibt sie, ‚aber ich komme nicht wieder zurück. Suchen Sie mich nicht.' Wir laufen überall umher, fragen die Köchin aus — aber die weiß von nichts. Entschuldigen Sie, ich kann nicht laut sprechen; die Stimme versagt mir."

„Musa Pawlowna hat Sie verlassen!" rief ich aus. „Nicht möglich! Und Herr Baburin — er muß ganz in Verzweiflung sein. Was hat er jetzt vor zu thun?"

„Nichts hat er vor zu thun. Ich wollte zum Gouverneur laufen: er verbot es mir. Ich wollte der Polizei Anzeige machen: er verbot es und wurde sogar böse auf mich. Er sagt: mag sie ihren Willen haben, ich werde ihr nichts in den Weg legen. Ja er ist sogar wie alle Tage nach dem Comptoir an seine Arbeit gegangen. Nur daß er natürlich gar nicht mehr aussieht wie ein Mensch. Wie sehr liebte er sie .. Ach, ach, wie sehr liebten wir beide sie!"

Mit diesen Worten offenbarte mir Punin zum ersten Mal, daß er keine Bildsäule sondern ein fühlender Mensch war. Er streckte beide Hände gen Himmel und ließ sie dann auf seinen wie Elfenbein schimmernden Schädel sinken.

„O du Undankbare!" stöhnte er. „Wer hat dich genährt, getränkt, gekleidet, errettet, erzogen? Wer dich behütet und bewacht, wer sein ganzes Leben, seine ganze Seele ... Das alles hast du vergessen? Mich durftest du natürlich von dir stoßen, aber Paramon Semenitsch, Paramon ..."

Ich bat ihn sich zu setzen, sich etwas zu erholen ...

Punin schüttelte ablehnend mit dem Kopfe.

„Nein, nicht nöthig. Ich bin zu Ihnen gekommen ... ich weiß nicht warum. Mir ist ganz schwindlig im Kopfe. Allein zu Hause bleiben war mir unmöglich — wohin laufen? Und bin ich zu Hause, dann stelle ich mich mitten in mein Zimmer, schließe die Augen und rufe: Musa, Musachen! O es ist zum Verrücktwerden!... Ach ja, jetzt weiß ich, warum ich zu Ihnen gekommen: Sie lasen mir da vor einigen Tagen ein abscheuliches Gedicht vor... erinnern Sie sich noch? Es war darin die Rede von einem alten Manne... Warum thaten Sie das? Wußten oder ahnten Sie schon damals etwas?"

Punin starrte mich an.

„Väterchen*), Peter Petrowitsch!" rief er plötzlich, an allen Gliedern bebend, ist's Ihnen vielleicht bekannt, wo sie sich aufhält? Väterchen, bei wem befindet sie sich?"

Ich wurde betroffen und mußte wider Willen die Augen zu Boden schlagen.

„Hat sie in ihrem Briefe Ihnen vielleicht mitgetheilt...?" begann ich.

„Sie schreibt, sie verlasse uns, weil sie einen Andern liebe. Väterchen, mein Täubchen — ganz bestimmt, Sie wissen, wo sie ist! Retten Sie sie, suchen wir sie auf, reden wir ihr zu! Um Gottes willen, bedenken Sie, wessen Lebensglück sie vernichtet hat durch ihre Flucht!"

Punin wurde mit einem Mal über und über roth, alles Blut strömte ihm nach dem Kopfe, dumpf stürzte er auf die Kniee.

„Retten Sie sie, gehen wir sie aufsuchen!" flehete er.

In diesem Augenblick erschien auf der Schwelle mein Diener und blieb verwundert stehen bei dem Anblick einer solchen Scene.

---

*) Ein vielgebrauchtes Kosewort im russischen. Selbst Eltern bedienen sich desselben ihren Kindern gegenüber.

Es kostete mir nicht wenig Mühe, Punin wieder auf die Beine zu bringen, ihm klar zu machen, daß wir, auch wenn ich irgend eine Vermuthung hätte, doch unmöglich beide zusammen die Sache in die Hand nehmen könnten, daß auf diese Weise nur alles verdorben würde, daß ich bereit wäre, Erkundigungen einzuziehen, aber für nichts einstehen könnte.

Punin widersprach mir zwar nicht, hörte aber auch nicht auf mich, sondern flüsterte nur von Zeit zu Zeit immer von neuem mit seiner heisern Stimme:

„Retten Sie sie, retten Sie Musachen und Paramon Semenitsch!"

Endlich fing er sogar zu weinen an.

„Sagen Sie mir zum allerminbesten dieses Eine," bat er: „ist ‚er‘ jung und schön?"

„Freilich ist er noch jung," antwortete ich.

„Jung!" wiederholte Punin, sich die Thränen über die Wangen wischend. „Auch sie ist jung — hin ist dann alle Hoffnung!"

Dieser Reim war nur von ungefähr entstanden: dem armen Punin war es wirklich nicht poetisch zu Muthe. Viel hätte ich in diesem Augenblick darum gegeben, wenn ich wieder eine seiner schwungvollen Reden oder doch wenigstens sein klangloses Lachen zu hören bekommen hätte . . . Aber mit seinen Reden war es leider für immer vorbei und niemals hörte ich ihn wieder lachen.

Ich gab ihm das Versprechen ihn zu benachrichtigen, sobald ich etwas Bestimmtes erfahren hätte. Aber Tarchoffs Namen nannte ich ihm nicht.

Punin wurde plötzlich ganz kleinmüthig.

„Schön, schön, ich danke Ihnen," bemerkte er mit einer einfältigen Geberde; „nur bitte ich Paramon Semenitsch nichts zu erzählen — er würde ganz böse werde! . . . Wie gesagt, er hat's mir verboten, nach Musa zu forschen. Leben Sie wohl, mein Herr!"

Als mir Punin beim Hinausgehen den Rücken zu=
kehrte, kam er mir so hinfällig, so elend vor, daß ich ganz
betroffen wurde: auf beiden Füßen hinkte er und bei jedem
Schritt drohte er in einander zu knicken …

„Das sind böse Anzeichen, es geht mit ihm bergab,"
dachte ich.

* * *

Obgleich ich Punin versprochen hatte, Erkundigungen
über Musa einzuziehen, so nährte ich doch, als ich mich
noch an demselben Tage zu Tarchoff verfügte, nicht die
mindeste Hoffnung, etwas zu erfahren, da ich als wahr=
scheinlich voraussetzte, er werde entweder nicht zu Hause
sein oder mich nicht empfangen. Meine Vermuthung er=
wies sich als irrig: Tarchoff war zu Hause, ich wurde
empfangen, ja ich erfuhr sogar alles, was ich wissen
wollte; aber anfangen konnte ich damit nichts.

Kaum hatte ich den Fuß auf die Schwelle gesetzt, da
kam Tarchoff mit schnellen, entschlossenen Schritten und
mit leuchtenden, glühenden Augen in dem verschönerten,
gleichsam verklärten Gesicht auf mich zu und sagte in
einem harten, lebhaften Tone:

„Höre, Freund Peter, ich kann mir denken, warum du
mich besuchst und über welche Dinge du mit mir zu reden
wünschest, aber ich kündige dir hiermit an: läßt du dich
auch nur mit einer Silbe über sie oder ihre Handlungs=
weise oder darüber aus, was nach deinen Begriffen die
Klugheit mir gebietet — dann haben wir aufgehört
Freunde, ja selbst Bekannte zu sein und ich werde dich
bitten müssen, mich hinfort als einen Fremden zu be=
trachten."

Ich sah Tarchoff mit großen Augen an. Er zitterte
am ganzen Körper, gleichsam wie eine zu straff gespannte
Saite, und nur mit Mühe konnte er das wallende junge
Blut vor dem Ueberschäumen bewahren; sein großes fröh=

liches Glück erfüllte seine ganze Seele, hatte sich seiner völlig bemächtigt — wie er sich des Glückes bemächtigt hatte.

„Ist das dein unabänderlicher Entschluß?" fragte ich traurig.

„Mein unabänderlicher Entschluß, Freund Peter."

„Dann bleibt mir weiter nichts übrig, als mich zu empfehlen."

Tarchoff blinzelte leicht mit den Augen... Er war ganz damit einverstanden.

„Leb wohl, Freund Peter," sagte er in näselndem Tone, indem er mir mit einem ebenso aufrichtigen wie heitern Lächeln seine sämmtlichen funkelnden Zähne zeigte.

Was blieb mir zu thun übrig? Ich ließ ihn allein mit seinem „Glück".

In dem Augenblick, da ich die Thür hinter mir ins Schloß warf, wurde auch, wie ich deutlich hörte, die in das Nebenzimmer führende Thür zugeschlagen.

* * *

Es war mir keineswegs leicht ums Herz, als ich mich am andern Tage zu meinen unglücklichen Bekannten begab. Im geheimen hoffte ich — so schwach ist der Mensch! — sie nicht zu Hause zu treffen. Aber wiederum hatte ich mich verrechnet. Sie waren Beide zu Hause. Die Veränderung, welche in den letzten drei Tagen mit ihnen vorgegangen, hätte jeden frappirt. Punin war ganz weiß geworden. Wo war seine ewig frische Schwatzhaftigkeit geblieben? Er sprach fortwährend in demselben heisern, trägen, schwachen Tone; er sah ganz seltsam unglücklich aus. Baburin dagegen war völlig zusammengeschrumpft und sein Gesicht war geradezu schwarz geworden. Früher schon mundfaul gab er jetzt kaum abgerissene Laute von sich; seine Züge zeigten den Ausdruck einer starren, gleichsam versteinerten Herbigkeit.

Ich fühlte, daß es unmöglich war zu schweigen. Aber was sagen? Ich beschränkte mich darauf, Punin zuzuraunen, ich hätte nichts erfahren, und ihm den Rath zu ertheilen, alle Hoffnung fahren zu lassen.

Punin starrte mich an mit seinen geschwollenen, rothen Augen — sie waren das einzige, was roth geblieben war in seinem Gesicht — murmelte etwas Unverständliches in den Bart und hinkte bei Seite. Baburin hatte wahrscheinlich gemerkt, um was es sich zwischen Punin und mir handelte, und seine zusammengepreßten, gewissermaßen zusammengeleimten Lippen aufthuend sagte er in schleppendem Tone:

„Geehrter Herr! Seit Ihrem letzten Besuch hat sich hier etwas Unangenehmes zugetragen: unser Zögling, Musa Pawlowna Winograboff, hat es nicht für schicklich gehalten, noch länger bei uns zu wohnen und sich entschlossen, uns zu verlassen. Sie hat uns davon schriftlich in Kenntniß gesetzt. Da wir uns nicht berechtigt halten, ihr Hindernisse in den Weg zu legen, so haben wir ihr anheimgestellt, nach eigenem Ermessen zu handeln. Wir wünschen ihr alles Glück — fügte er nicht ohne Anstrengung hinzu — Sie aber bitten wir ergebenst, von diesem Gegenstande nicht zu reden, da solches an und für sich zwecklos, für uns aber peinlich sein würde."

„Also grad wie Tarchoff: auch er verbietet mir von Musa zu sprechen," dachte ich, konnte aber nicht umhin, Baburin im geheimen zu bewundern, daß auch nicht der leiseste Tadel, auch nicht Ein bitteres Wort über seine Lippen kam! Nicht umsonst schätzte er Zeno so hoch. Gern hätte ich ihm jetzt einiges Nähere über diesen Weisen mitgetheilt; allein mir war, als klebte die Zunge mir fest am Gaumen und — es war wol besser so.

Ich entfernte mich bald wieder. Beim Abschied sagte weder Punin noch Baburin: auf Wiedersehen! Beide murmelten wie auf Verabredung: leben Sie wohl! Punin gab mir sogar das Heft des „Telegraphen" zurück, das ich ihm vor einigen Tagen geliehen hatte: jetzt, sagte er, könne er es nicht mehr gebrauchen.

* * *

Acht Tage später hatte ich eine merkwürdige Begegnung. Der Frühling hatte sich ungewöhnlich früh und warm eingestellt; um die Mittagszeit stieg die Hitze bis auf achtzehn Grad. Ueberall grünte und sproßte es auf der lodern, feuchten Erde. Ich hatte mir in der Reitbahn ein Pferd gemiethet und ritt zur Stadt hinaus nach den Sperlingsbergen. Unterwegs begegnete ich einer Telege, die bespannt war mit einem Paar feuriger, bis an die Ohren hinauf mit Koth bespritzter Traber. Ihre Schweife waren aufgebunden und Köpfe und Mähnen mit rothen Bändern geschmückt. Das Gespann trug Jagdgeschirr mit Quasten und kupfernen Plättchen. Es wurde gelenkt von einem jungen stutzerhaften Kutscher, der bekleidet war mit einem blauen ärmelloen Rock und einem gelbseidenen Hemde; seine Kopfbedeckung bestand aus einem niedrigen, mit einer Pfauenfeder geschmückten Hut aus Lammwolle. Neben dem Kutscher saß ein junges Mädchen aus dem Bürger- oder Kaufmannsstande, angethan mit einer bunten, brokatnen Katzaweika*); ihr Haupt war umschlungen mit einem großen himmelblauen Tuche. Fortwährend schäkerten die Beiden mit einander.

Ich warf mein Pferd auf die Seite, ohne übrigens dem schnell dahinstürmenden fröhlichen Pärchen besondere Aufmerksamkeit zu schenken — als plötzlich der Bursch seine Pferde anrief... Aber das ist ja Tarchoffs Stimme! Ich blickte schärfer hin... Richtig, er ist's! Dieser als Kutscher ausstaffirte junge Mann war wirklich Tarchoff! Und das junge Mädchen neben ihm — ist das nicht Musa?

Aber in diesem Augenblick griffen die Traber herzhaft aus; die Distanz zwischen uns begann sich zu erweitern.

---

*) Eine Art Mantille.

Ich ließ mein Pferd zum Galopp übergehen und sprengte hinter ihnen drein. Aber mein Rößlein war ein alter Manegeklepper mit sogenannten Generalsallüren; im Galopp kam er noch langsamer von der Stelle als im Trabe.

„Fahrt nur zu, meine Lieben!" murmelte ich durch die Zähne.

Ich muß hier bemerken, daß ich Tarchoff im Laufe der ganzen Woche nicht zu sehen bekommen, obschon ich dreimal bei ihm vorgesprochen hatte. Er war nie zu Hause gewesen. Baburin und Punin hatte ich ebenfalls nicht gesehen; aber sie hatte ich gar nicht besucht.

Ich zog mir auf diesem Spazierritt eine Erkältung zu; denn ungeachtet der großen Wärme wehte ein scharfer Wind. Ich wurde bedenklich krank und als die Genesung eintrat, siedelte ich auf Anrathen des Doctors mit der Großmutter „zur Grasfütterung" aufs Land über. Nach Moskau kehrte ich nicht wieder zurück, denn im Herbst bezog ich die Universität Petersburg.

III.
(1849.)

Nicht sieben, sondern ganze zwölf Jahre waren verflossen und ich hatte bereits das zweiundbreißigste Lebensjahr erreicht. Meine Großmutter hatte längst das Zeitliche gesegnet. Ich wohnte in Petersburg als Beamter im Ministerium des Innern. Tarchoff hatte ich aus den Augen verloren; er war in die Armee eingetreten und lebte fast immer in der Provinz. Nur zweimal war ich ihm begegnet. Obwol wir bei unserm Wiedersehen uns recht freundschaftlich und herzlich benahmen, so berührten wir doch mit keiner Silbe die Vergangenheit. Bei unserer zweiten Begegnung war er, so viel ich mich erinnere, bereits verheirathet.

Einst an einem schwülen Sommertage arbeitete ich mich, die Hitze und den Staub und die Düfte der Hauptstadt sowie meine Berufspflichten, die mir nicht erlaubten Petersburg zu verlassen, sämmtlich zum Teufel wünschend, durch die Erbsenstraße hindurch. Da kam plötzlich ein Leichenzug des Weges. Er bestand aus einer einzigen Equipage oder richtiger ausgedrückt nur aus einer gebrechlichen Karre, auf welcher ein armseliger, zur Hälfte mit einem verschlissenen schwarzen Tuche bedeckter Holzsarg von den Stößen auf dem ausgefahrenen Pflaster arg hin und her geschleudert wurde. Ein alter Mann mit weißem Haar schritt allein hinter dem Sarge her.

Ich sah ihn näher an... Das Gesicht kam mir bekannt vor... Auch er richtete die Augen auf mich... Mein Gott! Das ist ja Baburin!

Ich nahm den Hut ab, trat auf ihn zu, nannte meinen Namen und schloß mich dem Zuge an.

„Wen beerdigen Sie da?" fragte ich.

„Nikander Wawilitsch Punin," antwortete er.

Mir hatte es geahnt, daß er diesen Namen nennen würde und doch zog sich mein Herz peinlich zusammen. Ich wurde ganz traurig gestimmt und es freute mich, daß der Zufall mir die Gelegenheit bot, meinem ersten Lehrer der vaterländischen Literatur die letzte Ehre erweisen zu können...

„Darf ich mich anschließen, Paramon Semenitsch?"

„Immerhin... Bis hierher hab' ich ihm allein das Geleit gegeben; wir werden dann unser Zwei sein.

Länger als eine Stunde dauerte unser Gang. Ohne die Augen vom Boden aufzuschlagen, ohne auch nur einmal die Lippen zu öffnen, schritt mein Begleiter still neben mir. Er war ein vollendeter Greis geworden seit der Zeit, da ich ihn zum letzten Mal gesehen. Sein von Runzeln durchfurchtes, kupferfarbenes Gesicht stach scharf ab gegen das schneeweiße Haar. In Baburins ganzem

Wesen waren die Spuren eines mühevollen, sauern Lebens, eines immerwährenden Ringens um die tägliche Nothdurft ausgeprägt; Entbehrungen und Armuth hatten ihn völlig aufgerieben.

Als alles zu Ende war, als die feuchte, die wirklich feuchte Erde des smolenskischen Kirchhofs Punins sterbliche Reste barg, da wandte mir Baburin, nachdem er zwei, drei Minuten gesenkten und entblößten Hauptes vor dem frisch aufgeworfenen Grabhügel gestanden, sein ausgemergeltes, gleichsam versteinertes Gesicht mit den vertrockneten, eingefallenen Augen zu, dankte mir in seiner unfreundlichen Art und wollte sich entfernen. Aber ich hielt ihn zurück.

„Wo wohnen Sie, Paramon Semenitsch? Erlauben Sie mir Sie zu besuchen? Ich wußte gar nicht, daß Sie in Petersburg lebten. Wir wollen uns über alte Zeiten, über unsern verstorbenen Freund unterhalten."

Baburin antwortete nicht sogleich.

„Ich befinde mich schon seit drei Jahren in Petersburg," gab er endlich zur Antwort. „Ich wohne ganz am Ende der Stadt. Wenn Sie mich übrigens wirklich besuchen wollen, so kommen Sie nur."

Er gab mir seine Adresse.

„Kommen Sie des Abends. Dann sind wir immer zu Hause... alle Beide."

„Alle Beide?"

„Ich bin verheirathet. Meine Frau ist heute nicht ganz wohl; das der Grund, warum sie dem Verstorbenen nicht das Geleit gegeben. Uebrigens reicht ja auch ein Mensch völlig aus, diese Ceremonie, diese leere Förmlichkeit zu erfüllen. Wer glaubt denn noch an all diese Dinge?"

Diese letztern Worte kamen mir in Baburins Munde etwas befremdlich vor. Aber ich antwortete nichts darauf, nahm eine Droschke und erbot mich, ihn nach Hause zu bringen; allein er schlug es aus.

* * *

Noch am Abend dieses selben Tages suchte ich ihn auf. Unterwegs waren meine Gedanken unablässig mit Punin beschäftigt. Ich erinnerte mich wieder unsrer ersten Begegnung, seiner damaligen Begeisterung für Poesie, seiner ergötzlichen Erscheinung. Dann gedachte ich unsers Wiedersehens in Moskau: wie verändert war er mir da vorgekommen, besonders in der letzten Zeit! Und nun, nun hatte er seine Rechnung mit dem Leben vollständig abgeschlossen... Wahrlich, nicht mit Rosen waren seine Pfade bestreut gewesen!

Baburin wohnte auf der Wyburger Seite, in einem Häuschen, das mich lebhaft an sein Moskauer „Nestchen" gemahnte — das Petersburger war womöglich noch armseliger. Als ich zu ihm ins Zimmer trat, saß er einsam in einem Winkel. Beide Hände ruhten schlaff auf den Knieen. Eine fast ganz heruntergebrannte Talgkerze erhellte trübe sein gesenktes weißes Haupt. Als er das Geräusch meiner Tritte vernahm, wandte er sich um und begrüßte mich herzlicher als ich erwartet hatte. Nach wenigen Augenblicken erschien auch seine Frau: sofort erkannte ich in ihr Musa Pawlowna, und jetzt wurde es mir auch klar, warum er mich zu sich eingeladen — er wollte mir zeigen, daß er dennoch sein Ziel erreicht habe.

Musa hatte sich sehr verändert. Gesicht, Stimme, Bewegungen, alles an ihr war anders geworden. Am meisten aber hatten sich ihre Augen verändert. Wie rollten und funkelten sie damals diese schönen bösen Augen! Verstohlen aber hell und klar hatten sie aufgeblitzt, ihr Blick war stechend gewesen wie eine Nadel... Jetzt blickten sie fest, ruhig, aufmerksam; die schwarzen Pupillen waren trübe geworden. ‚Ich habe mich zähmen lassen, ich bin folgsam und fromm geworden,' schien dieser ruhige, ja stumpfe Blick zu sagen. Derselbe Sinn lag in ihrem beständigen, demüthigen Lächeln. Bescheiden war auch ihr Anzug: ein zimmetfarbenes Kleid mit kleinen erbsenförmigen Punkten. Ohne alle Ziererei trat sie sofort auf mich zu und fragte mich, ob ich sie wiedererkenne. Sie zeigte nicht die geringste Verlegenheit; aber nicht deßhalb, weil ihr die Scham und die Erinnerung an ihre Vergangenheit abhanden gekommen wären, sondern weil sie alle Eitelkeit abgelegt hatte.

Musa erzählte mir viel von dem verstorbenen Punin, aber stets in demselben kühlen, gleichförmigen Tone. Ich erfuhr, daß er in den letzten Jahren ganz hinfällig, ja fast kindisch gewesen, derart, daß er ohne Spielzeug sogar Langeweile gefühlt hatte. Allerdings hatte man ihn glauben gemacht, er nähe aus den dem Haderlump verfallenen Lappen Puppen zum Verkauf; aber er selbst vertrieb sich die Zeit damit. Seine Leidenschaft für Poesie hatte er sich ungeschwächt bewahrt. Doch waren ihm nur einige wenige Gedichte im Gedächtniß geblieben; so hatte er noch wenige Tage vor seinem Tode einige Partien aus der „Rufsiade" declamirt; vor Puschkin dagegen hatte er sich gefürchtet wie Kinder sich fürchten vor einem Popanz. Seine Anhänglichkeit an Baburin hatte sich ebenfalls nicht gemindert, und noch ganz unmittelbar vor seinem Ende, noch in dem Moment, da bereits die Schauer des Todes ihn erfaßt, hatte er mit gebrochener Stimme gestammelt: ‚Mein Wohlthäter! Mein Wohlthäter!'

Auch erfuhr ich von Musa, daß Baburin kurz nach dem Ereigniß in Moskau wiederum zum Wanderstabe gegriffen hatte und aus einem Privatdienste in den andern getreten war. Auch in Petersburg hatte er bei einem Privatmann Beschäftigung gefunden, war jedoch wegen Unannehmlichkeiten mit seinem Prinzipal vor wenigen Tagen genöthigt gewesen, seine Stellung wieder aufzuge-

ben: Baburin hatte es sich einfallen lassen, Arbeiter in
Schutz zu nehmen...

Das ewige Lächeln, das Musa's Rede begleitete, regte
ganz peinliche Gedanken in mir an; es stimmte zu dem
Eindruck, den das Aeußere ihres Mannes bereits auf mich
gemacht hatte: trotz ihrer vereinten Anstrengungen wurde
es ihnen schwer, sich ihr tägliches Brod zu verdienen —
daran konnte ich nicht mehr zweifeln. Baburin selbst
mischte sich wenig in unsere Unterhaltung; sein Gesicht
zeigte mehr Kummer als Trauer... Offenbar quälte
ihn etwas.

„Paramon Semenitsch, bitte, kommen Sie doch mal
eben heraus," sagte die Köchin, die plötzlich auf der
Schwelle der Thür erschien.

„Was gibt's? Was wünschen Sie?" fragte er be=
unruhigt.

„Bitte, kommen Sie doch mal!" wiederholte vielsa=
gend und eindringlich die Köchin.

Baburin knöpfte sich den Rock zu und ging.

* * *

Als ich mit Musa allein war, sah sie mich mit etwas
andern Augen an und sagte, ebenfalls in einem andern
Tone und jetzt ohne Lächeln:

„Ich weiß nicht, Peter Petrowitsch, wie Sie jetzt über
mich denken, aber ich glaube, Sie haben noch nicht ver=
gessen, wie ich früher in Moskau gewesen... Ich war
damals voller Selbstvertrauen, zügellos und... und
schlecht; ich wollte nur meinem Vergnügen leben. Was
ich Ihnen zu sagen habe, ist dies: als man mich wieder
fortgeworfen hatte und ich verloren und von der ganzen
Welt verlassen war und mir, wenn Gott mich nicht zu
sich nahm, keine andere Wahl blieb, als selbst meinem
Leben ein Ende zu machen, da begegnete mir wieder, wie
einst zu Woronesch, Paramon Semenitsch, und er errettete

mich zum zweiten Mal... Nicht einen einzigen Tadel, nicht ein einziges bitteres Wort habe ich von ihm vernommen, nichts verlangte er von mir... Ich war es nicht werth, aber er liebte mich und — und ich wurde seine Frau. Das ist meine ganze Geschichte."

Sie schwieg und wandte sich einen Moment ab. Um ihre Lippen spielte wieder das frühere unterwürfige Lächeln. ‚Frage mich nicht, ob das Leben mir leicht wird,‘ schien mir diesmal ihr Lächeln zu sagen.

Unser Gespräch wandte sich alltäglichen Dingen zu. Musa erzählte mir, Punin habe eine Katze hinterlassen, die sein besonderer Liebling gewesen sei. Gleich nach seinem Tode sei sie aufs Dach gesprungen und dort sitze sie nun und bleibe unaufhörlich am Miauen, als klage sie um jemanden. Die Nachbarn seien darüber sehr in Schrecken gerathen und bildeten sich ein, Punins Seele sei in die Katze gefahren.

„Paramon Semenitsch scheint heute sehr aufgeregt zu sein," nahm ich endlich das Wort.

„Haben Sie das bemerkt?" fragte Musa seufzend. „Wie sollte er auch nicht aufgeregt sein? Ich brauche Ihnen wol nicht zu sagen, daß er seinen Ueberzeugungen treu geblieben ist... Die gegenwärtige Ordnung der Dinge ist nicht danach angethan, ihn darin wankend zu machen." (Musa drückte sich jetzt ganz anders aus als damals in Moskau; ihre Sprache hatte einen von Lectüre zeugenden, sozusagen literarischen Anstrich erhalten.) „Uebrigens weiß ich nicht, ob ich Ihnen mein Vertrauen schenken darf und wie Sie's aufnehmen...

„Warum glauben Sie mir nicht Ihr Vertrauen schenken zu dürfen?"

„Stehen Sie etwa nicht in Staatsdiensten? Sind Sie nicht Beamter?"

„Nun, was folgt daraus?"

„Daraus folgt, daß Sie ein Parteigänger der Regierung sind."

Ich mußte mich innerlich wundern über Musa's Naivität.

„Ueber meine Beziehungen zur Regierung, die übrigens nicht einmal eine Ahnung von meiner Existenz hat, will ich mich nicht auslassen," entgegnete ich; „aber Sie mögen sich beruhigen. Ihr Vertrauen werde ich nicht mißbrauchen. Mit Ihres Mannes Ueberzeugungen sympathisire ich — mehr als Sie glauben."

Musa schüttelte den Kopf.

„Das mag sein," begann sie nicht ohne Zaudern. „Aber die Sache verhält sich also: Paramon Semenitsch wird vielleicht bald seine Ueberzeugungen durch die That bewähren müssen. Er darf nicht länger mit ihnen zurückhalten. Er hat Gesinnungsgenossen, die er jetzt unmöglich im Stiche lassen kann..."

Plötzlich verstummte Musa, wie wenn Sie sich auf die Zunge gebissen hätte. Ihre letzten Worte hatten mich frappirt und etwas erschreckt. Wahrscheinlich war der Eindruck ihrer Rede auf meinem Gesicht zu lesen und hatte Musa das gemerkt.

Ich habe schon erwähnt, daß unser Wiedersehen in das Jahr 1849 fiel. Manchem wird's noch im Gedächtniß sein, in einer wie aufgeregten, schweren Zeit wir damals lebten und was für Dinge sich in Petersburg ereigneten.*) Mir waren bereits einige seltsame Aeußerungen an Baburin aufgefallen. Mehrmals hatte er sich mit so schneidiger Bitterkeit, mit solchem Abscheu, mit solcher Verachtung über Anordnungen der Regierung und hochgestellte Persönlichkeiten ausgesprochen, daß ich sehr nachdenklich geworden war...

---

*) Gemeint sind die Unruhen des erwähnten Jahres, in Folge deren viele nach Sibirien wandern mußten.

„Und haben Sie," hatte er mich plötzlich gefragt, „Ihren Bauern jetzt die Freiheit geschenkt?"

Ich hatte eingestehen müssen, daß das noch nicht der Fall sei.

„Aber Ihre Großmutter ist ja doch nun todt!"

Auch das hatte ich zugeben müssen.

„Hm, hm, so seid Ihr, Ihr Herren Aristokraten," hatte er durch die Zähne gebrummt.

An der hervorragendsten Stelle in seinem Zimmer hing eine bekannte Lithographie Bjelinski's*); auf dem Tische lag ein Bändchen des alten von Bestuscheff**) herausgegebenen „Polarsterns".

Schon war eine ziemlich lange Zeit verstrichen, seit die Köchin Baburin hinausgerufen hatte. Aber noch immer wollte er nicht zurückkehren. Musa hatte schon mehrmals unruhig nach der Thür gesehen, durch die er verschwunden war. Endlich hielt sie es nicht mehr aus, stand auf, entschuldigte sich und verließ ebenfalls das Zimmer. Eine Viertelstunde verging, eh sie wieder zum Vorschein kamen; und da zeigten, wie es mir wenigstens schien, ihre Mienen den Ausdruck lebhafter Unruhe; ja Musa war sogar blaß geworden. Da ich nicht unbequem werden wollte, entschloß ich mich, wieder zu gehen und nahm grade Abschied, als plötzlich die ins Nebenzimmer führende Thür aufging und ein Kopf sichtbar wurde... Aber es war nicht der der Köchin sondern das erschreckte lockige Haupt eines jungen Mannes.

„Böse Geschichten, Baburin, böse Geschichten!" stotterte er hastig, verschwand aber sofort wieder beim Anblick einer unbekannten Person.

---

*) Ein ausgezeichneter liberaler Kritiker und Essayist; damals hochverehrt, namentlich von der jüngern Generation.
**) Ein wegen seiner freisinnigen Ansichten von der Regierung vielverfolgter Schriftsteller — in Deutschland bekannter unter seinem Pseudonym Marlinski.

Baburin stürzte dem jungen Manne nach. Ich drückte Musa mit Wärme die Hand und ging, das Herz voll von bösen Ahnungen, nach Hause.

„Besuchen Sie uns doch morgen wieder," raunte sie mir in ihrer Aufregung zu.

„Ich komme ganz bestimmt," antwortete ich.

* * *

Noch lag ich am andern Morgen im Bett, als mein Diener mir einen Brief von Musa überreichte. Er lautete:

‚Geehrter Herr,
Peter Petrowitsch!

Paramon Semenitsch ist heute Nacht von Gendarmen arretirt und auf die Festung oder sonstwohin — man hat mir den Ort nicht genannt — abgeführt worden. Alle unsre Papiere haben sie durchwühlt, viele davon versiegelt und mitgenommen. Auch unsre Bücher und Briefe. Wie es heißt, hat man eine ganze Menge Menschen arretirt. Sie können sich denken, wie mir zu Muthe ist. Wie freut es mich, daß Nikander Wawilitsch das nicht erlebt hat! Er hat uns grade zur rechten Zeit verlassen. Rathen Sie mir, was ich zu thun habe. Für mich fürchte ich nicht — ich werde nicht Hungers sterben — aber die Sorge um Paramon Semenitsch läßt mir keine Ruhe. Bitte, besuchen Sie mich, wenn Sie kein Bedenken tragen, mit Leuten, die sich in einer solchen Lage befinden, zu verkehren.

Ihre dienstwillige
Musa Baburin.'

Eine halbe Stunde später war ich bei Musa. Als sie mich sah, kam sie schnell auf mich zu und reichte mir die Hand. Obgleich sie keine Silbe sprach, so zeigte doch ihr Antlitz den Ausdruck inniger Dankbarkeit. Sie hatte noch das gestrige Kleid an: alles deutete darauf hin, daß sie die ganze Nacht weder geruht noch geschlafen hatte. Ihre Augen waren geröthet — aber nicht von Thränen, sondern in Folge des Wachens. Sie weinte nicht. Das lag nicht in ihrer Art. Sie wollte handeln, sie wollte den Kampf aufnehmen mit dem Unglück, das sie heimgesucht hatte: die energische, willensstarke Musa von ehemals war wieder in ihr erwacht. Nicht einmal ihrem Unwillen Luft zu machen hatte sie Zeit gehabt, obgleich sie fast erstickte vor Unwillen. Wie sie Baburin helfen könnte, wessen Vermittelung sie anrufen sollte, um sein Loos zu erleichtern — an etwas andres dachte sie nicht. Auf der Stelle wollte sie fort — bitten — fordern — — Aber wohin? Wen bitten? Was fordern? Eben das war's, was sie von mir erfahren, worüber sie sich mit mir berathen wollte.

Ich begann damit ihr — Geduld anzurathen. Vor der Hand bleibe uns weiter nichts übrig als zu warten und so viel wie möglich Nachforschungen anzustellen. Schon jetzt, da die Untersuchung kaum eingeleitet sein könnte, bestimmte Schritte zu thun, wäre einfach unvernünftig. Einen Erfolg davon zu erwarten, sei ganz unverständig, selbst wenn ich weit mehr zu bedeuten hätte... Aber was könnte ich auswirken, ich, ein untergeordneter Beamter? Und was sie selbst angehe, so erfreue sie sich keinerlei Protection...

Es war nicht leicht, ihr das alles klar zu machen. Doch endlich sah sie die Richtigkeit meiner Auseinandersetzungen ein. Auch das leuchtete ihr ein, daß ich mich von keinen selbstsüchtigen Beweggründen leiten ließ, als ich ihr die Nutzlosigkeit jedes Vermittlungsversuches nachzuweisen suchte.

„Aber so erzählen Sie mir doch, Musa Pawlowna," begann ich, als sie endlich Platz genommen — (bisher hatte Sie ununterbrochen gestanden, gleichsam als wollte sie jeden Augenblick bereit sein, Baburin zu Hilfe zu eilen) — „wie war es möglich, daß Paramon Semenitsch in eine solche Geschichte verwickelt werden konnte — und noch dazu in seinen Jahren! Bisher glaubte ich immer, mit so etwas befaßten sich nur Jünglinge — von der Art jenes, der Sie gestern Abend zu warnen kam..."

„Diese Jünglinge sind unsere Freunde!" versetzte Musa.

Und ihre Augen begannen wie ehemals zu funkeln und unstät umherzuirren. Es wollte mir scheinen, als ob eine mächtige, eine nicht zurückzubrängende Empfindung sich unabläßig aus dem Innersten ihrer Seele emporzuarbeiten suchte... und unwillkürlich erinnerte ich mich an das Wort: „ein neuer Typus", womit einst Tarchoff sie charakterisirt hatte.

„Was haben die Jahre zu bedeuten, wenn es sich um politische Ueberzeugungen handelt!"

Musa betonte ganz besonders die beiden vorletzten Worte. Es drängte sich mir der Gedanke auf, bei all ihrem Grame sei es ihr nicht unangenehm, sich mir in einem neuen, unerwarteten Lichte zeigen zu können — als eine gebildete und gereifte Frau, würdig eines Republikaners.

„Manche Greise sind jugendlicher als gewisse Jünglinge," fuhr sie fort, „und auch weit eher fähig Opfer zu bringen... Aber barum handelt es sich hier nicht."

„Mir will es scheinen, Musa Pawlowna," bemerkte ich, „als ob Sie ein wenig übertrieben. So weit ich den Charakter des Paramon Semenitsch kenne, war ich überzeugt, daß er sympathisiren werde mit allen — ehrlichen Bestrebungen; auf der andern Seite aber hielt ich ihn immer für einen verständigen Mann. Wie, er sollte nicht die völlige Unmöglichkeit, die totale Ungereimtheit der Verschwörungen hier in Rußland eingesehen haben! In seinen Verhältnissen, bei seiner Stellung..."

„Freilich," unterbrach mich Musa bitter, „freilich, er ist nur ein Bürgerlicher! Und in Rußland ist es nur en Adligen gestattet, sich in Verschwörungen einzulassen, — wie z. B. den Dekabristen*) ... das wollten Sie ja wol sagen?"

„Warum beklagen Sie sich denn?" schwebte es mir auf der Zunge. Allein ich behielt die Frage für mich. — Glauben Sie etwa, daß das Schicksal der Dekabristen derart gewesen, daß es andern beneidenswerth erscheinen önnte?" versetzte ich laut.

Musa runzelte die Stirn.

„Mit dir ist über solche Dinge nicht zu reden," las h auf ihrem bekümmerten Gesicht.

„Ist Paramon Semenitsch stark compromittirt?" entschloß ich mich endlich zu fragen.

Musa beachtete noch immer Schweigen ... Vom Dache her ließ sich das klagende, hungrige Miauen einer Katze vernehmen.

Musa fuhr zusammen.

„Ach, wie freu' ich mich, daß Nikander Wawilitsch das alles nicht erlebt hat!" seufzte sie fast verzweiflungsvoll; „daß er nicht gesehen hat, wie sie seinen — unsern Wohlthäter, vielleicht den besten und rechtschaffensten Menschen auf der ganzen Welt mitten in der Nacht mit Gewalt festnahmen ... daß er nicht gesehen hat, wie sie sich gegen diesen ehrwürdigen Greis benahmen, wie sie ihn mit „du" anredeten, wie sie ihm drohten — und warum drohten! ... lediglich darum, weil er ein Bürgerlicher ist! Dieser junge Offizier muß ebenfalls einer von jenen herz- und gewissenlosen Menschen sein, die auch sein Leben ..."

---

*) An dem Militäraufstande vom 14. Dezember 1825 waren ausschließlich Adlige betheiligt.

Die Stimme versagte ihr. Sie bebte am ganzen Kö[r]per wie Espenlaub.

Der lange zurückgehaltene Unmuth machte sich enbl[ich] Luft. Diese Aufregung, diese Erschütterung ihres gan[zen] Innern rief alte Erinnerungen in mir wach… In b[ie]sem Augenblick gewann ich die Ueberzeugung, daß die „neue Typus", diese leidenschaftliche Natur unveränd[ert] geblieben. Nur waren es andre Gefühle als diejenig[en] ihrer Jugendzeit, von denen sich Musa jetzt hinreißen li[eß.] Das was ich bei meinem ersten Besuch für Resignatio[n,] für Ergebenheit gehalten und das auch in der That nic[hts] andres gewesen — dieser ruhige, gleichgültige Blick, die[ser] kühle Ton, dieser Gleichmuth und diese Einfachheit[,] das alles hatte nur einen Sinn gehabt im Hinblick a[uf] ihre Vergangenheit, auf das was unwiederbringlich b[ahin] hin war…

Aber jetzt redete die Gegenwart aus ihr.

Ich bemühte mich Musa zu beruhigen, unser Gespr[äch] auf ein mehr praktisches Gebiet zu lenken, da noch ein[ige] unaufschiebbare Dinge zu besprechen waren: erstens mu[ß]ten wir in Erfahrung zu bringen suchen, wo überhau[pt] Baburin sich befand, und dann waren für ihn sowol [wie] für Musa die Mittel zum Leben zu beschaffen. Das all[es] machte nicht geringe Mühe; galt es doch, nicht som[ehr] direct Geld als vielmehr Arbeit aufzutreiben, was b[e]kanntlich eine weit schwierigere Aufgabe ist…

Den Kopf voller Pläne verließ ich endlich Musa[s] Wohnung.

Bald erfuhr ich, daß man Baburin auf die Festu[ng] gebracht hatte…

Der Prozeß begann und — zog sich in die Läng[e.] Musa bekam ich allwöchentlich mehrmals zu sehen. Au[ch] mit ihrem Manne hatte sie einige Unterredungen. Ab[er] grade in dem Augenblick, da es in dieser traurigen G[e]schichte zur Entscheidung kam, war ich nicht in Petersbu[rg.]

anwesend. Unvorhergesehene Geschäfte hatten mich genö=
thigt nach dem südlichen Rußland zu reisen. Noch wäh=
rend meiner Abwesenheit erfuhr ich, daß Baburin vor
Gericht freigesprochen aber auf administrativem Wege nach
dem westlichen Sibirien deportirt worden sei. Musa hatte
ihn begleitet.

„... Paramon Semenitsch wünschte es nicht," schrieb
sie mir, „weil nach seinen Anschauungen niemand das
Recht habe, sich für einen andern zu opfern. Aber ich
antwortete ihm, hier handle es sich nicht um Opfer... Als
ich ihm damals in Moskau versprach sein Weib zu wer=
den, da dachte ich bei mir: unwiderruflich, für alle Ewig=
keit! Und so will ich's denn unwiderruflich bleiben bis
an's Ende der Tage..."

IV.
(1861).

Wiederum waren zwölf Jahre verstrichen... Jeder
Russe weiß und wird es in Ewigkeit nicht vergessen, was
sich in der Zeit von 1849 bis 1861 ereignet hat. Auch
in meinem Leben waren mancherlei Veränderungen einge=
treten; doch darüber will ich mich nicht verbreiten. Neue
Interessen, neue Sorgen machten sich geltend... Musa
und Baburin traten zunächst für mich in den Hintergrund;
dann verlor ich sie ganz aus den Augen. Allerdings fuhr
ich fort mit Musa zu correspondiren, aber ihre Briefe
waren sehr selten; zuweilen verging mehr als ein Jahr,
ohne daß ich über sie und ihren Mann eine Nachricht
erhielt. Ich erfuhr, daß er kurz nach dem Jahr 1855
die Erlaubniß erhalten, nach Rußland zurückzukehren, daß
es aber sein eigner Wunsch gewesen, in jenem kleinen
sibirischen Städtchen zu bleiben, wohin ihn einmal das
Schicksal verschlagen und wo er sich allem Anschein nach

eine Heimat geschaffen, wo er eine Zufluchtsstätte, eine Wirkungskreis gefunden hatte...

In den letzten Tagen des März 1861 erhielt ich vo Musa folgenden Brief:

„Ich habe Ihnen, hochgeehrter Peter Petrowitsch, s lange nicht geschrieben, daß ich nicht einmal weiß, ob Si noch leben und ob Sie, wenn Sie noch am Leben sind uns nicht vergessen haben. Aber gleichviel; ich fühle heut das Bedürfniß Ihnen zu schreiben. Bei uns war bishe alles beim alten. Unsre Zeit und unsre Kräfte widmete wir, ich und mein Mann, unsern Schulen, die imme mehr aufblühen. Außerdem beschäftigte sich Paramo Semenitsch mit Vorlesen und Abschreiben; auch disputirt er viel mit den Altgläubigen, den Geistlichen und de verbannten Polen. Mit seiner Gesundheit stand es gut ebenso mit der meinen... Aber da erhielten wir gester das Manifest vom 19. Februar!*) Schon lange hatte wir es erwartet, schon lange waren Gerüchte im Umlau gewesen über die Dinge, die bei Euch in Petersburg ge schehen... Sie kennen meinen Mann: das Unglück ha ihn durchaus nicht verändert. Im Gegentheil, er ist noc thatkräftiger, noch energischer geworden. (Ich kann nic umhin zu bemerken, daß Musa „enärgisch" schrieb.) E besitzt eine eiserne Willenskraft, aber einer solchen Erschüt terung war er nicht gewachsen! Seine Hände zitterten als er die Nachricht las. Dann umarmte und küßte e mich dreimal, wollte etwas sagen — aber nein, er ver mochte kein Wort über die Lippen zu bringen und brach was gar wunderlich anzusehen war, in Thränen aus un rief dann plötzlich: ‚Hurrah! Hurrah! Erhalte Gott de Zaren!'**)

---

*) Durch das Manifest vom 19. Februar 1861 wurde die Leil eigenschaft für aufgehoben erklärt.
**) Mit diesen Worten beginnt die russische Nationalhymne.

„Ja, Peter Petrowitsch, das waren seine eigenen Worte! Dann fügte er hinzu: „Jetzt haben wir unsern Abschied... Dies ist der erste Schritt, dem andre folgen müssen." Und wie er ging und stand eilte er barhäuptig zu unseren Freunden, um ihnen die große Neuigkeit mitzutheilen. Es herrschte eine bittere Kälte und sogar ein Schneesturm war im Anzuge. Ich suchte ihn zurückzuhalten; allein er hörte nicht auf mich. Als er wieder nach Hause kam, war er ganz zugeschneit: Haare, Gesicht, Bart — er hat jetzt einen großen bis mitten auf die Brust reichenden Bart — waren mit Schnee bedeckt und selbst die Thränen auf den Wangen waren ihm zu Eis gefroren! Aber er war äußerst lebhaft und fröhlich und befahl mir eine Flasche Wein zu entkorken und trank mit unsern Freunden — die er sämmtlich mit sich gebracht hatte — auf das Wohl des Zaren, des heiligen Rußland und aller freien Russen, und dann das Glas ergreifend und den Blick zur Erde senkend sprach er: „Nikander, Nikander, hast du's gehört? Es gibt keine Sklaven mehr in Rußland! Freue dich in deinem Grabe, alter Kamerad!" Und noch manches andere redete er, wie z. B. daß seine Erwartungen übertroffen seien. Ich kann mich nicht auf alles besinnen, aber lange Zeit hatte ich ihn nicht so glücklich gesehen. Und so entschloß ich mich, Ihnen zu schreiben, damit Sie erführen, wie wir uns gefreut und wie wir gejubelt haben in dem fernen sibirischen Städtchen und damit auch Sie an unsrer Freude Theil nehmen könnten..."

Dieses Schreiben erreichte mich Ende März. Anfangs Mai erhielt ich von Musa einen zweiten, jedoch viel kürzeren Brief. Sie theilte mir mit, daß ihr Mann, Paramon Semenitsch Baburin, am Tage der Ankunft des Manifestes sich eine Erkältung zugezogen habe und am 2. April im Alter von 67 Jahren an einer Lungenentzündung gestorben sei. Sie fügte hinzu, daß sie ent-

schlossen sei zu bleiben, wo seine irdische Hülle eine Ruhe
statt gefunden, und daß sie die von ihm begonnene Ar
beit fortzusetzen gedenke, weil das der letzte Wille ihre
verstorbenen Mannes gewesen — und einen andern Wille
gebe es für sie nicht.

Seitdem habe ich nichts mehr von Musa verno

Ende.

VERLAG VON PHILIPP RECLAM JUN. IN LEIPZIG.

ngarin, W., Waldwildnis. Drama aus dem sibirischen Leben in vier Aufzügen. Dtsch. v. Fiebler. 20 Pf.
anilewski, Gregor, Eine Familienchronik. Dtsch. v. Löbenstein. 40 Pf.
—, Mirowicz u. der gefangene Czar Iwan Antonowicz. Histor. Roman. Dtsch. v. Ph. Löbenstein. 1 M.
—, Nach Indien. Histor. Erzählung. Dtsch. v. Ph. Löbenstein. 40 Pf.
—, Die Nonnenklöster in Rußland. Roman. Dtsch. v. Löbenstein. 1 M.
—, Die Pioniere des Ostens. Nationales Charakterbild. Deutsch von Ph. Löbenstein. 80 Pf.
—, Potemkin an der Donau 1790. Histor. Erzählung. Dtsch. v. Ph. Löbenstein. 40 Pf.
ostojewskij, F. M., Erzählungen. Dtsch v. W. Goldschmidt. 20 Pf.
—, Memoiren aus einem Totenhaus. Dtsch v. H. Moser. 60 Pf.—Geb.1M.
—, Schuld und Sühne. Roman. Deutsch von H. Moser. 1 M. — Geb. 1 M. 50 Pf.
ogol, Nikolaus, Der Revisor. Komödie in 5 Aufzügen. Dtsch. v. W. Lange. 20 Pf.
—, Phantasien u. Geschichten. Dtsch. v. Wilh. Lange u. Ph. Löbenstein. 4 Theile. à 20 Pf.
—, Die todten Seelen. Satirisch-komisches Zeitgemälde. Dtsch. v. Ph. Löbenstein. 2 Theile. à 40 Pf.
—, Taras Bulba, der Kosakenhetman. Dtsch. v. W. Lange. 40 Pf.
ontscharow, Der Absturz. Roman. Dtsch. v. W. Goldschmidt. 60 Pf.
erzen, Alex., Wer ist schuld? Roman. Dtsch. v. W. Lange. 60 Pf.
olzow, Alexei, Gedichte. Dtsch. v. Fr. Fiebler. 20 Pf. — Geb. 60 Pf.
orolenko, Sibirische Novellen. Dtsch. v. Grünberg. 40 Pf.—Geb. 80 Pf.
—, Der blinde Musiker. Eine Studie. Dtsch.v. Grünberg. 20 Pf. Geb. 60 Pf.
—, Das Meer. — In schlechter Gesellschaft. Zwei Erzählungen. Deutsch von J. Grünberg. 20 Pf.

Lermontoff, Michael, Ein Held unserer Zeit. Dtsch. v. W. Lange. 40 Pf.
Lubomirski, Fürst Jos., Tatjana ob. Russische Beamte. Roman. Dtsch. v. J. S. 80 Pf.
Michailow, A., Alte Nester. Roman. Dtsch. v. H. Moser. 60 Pf.
Nekrassow, H. A., Wer lebt glücklich in Rußland? Dtsch. v. R. Seuberlich. 60 Pf. — Geb. 1 M.
Potjéchin, N., Die Schlinge des Schicksals. Drama in 5 Aufzügen. Dtsch. v. L. Stein u. S. Markós. 20 Pf.
Puschkin, A., Boris Godunow. Dram. Gedicht. Dtsch. v. Fiebler. 20 Pf.
—, Die Hauptmannstochter. Dtsch. v. W. Lange. 40 Pf.—Geb. 80 Pf.
—, Novellen. Deutsch v. W. Lange. 40 Pf. — Geb. 80 Pf.
—, Der Gefangene im Kaukasus. Dtsch. v. Seubert. 20 Pf. Geb. 60 Pf.
—, Onegin. Roman in Versen. Dtsch. v. Seubert. 40 Pf. — Geb. 80 Pf.
Saltykow-Schtschedrin, Die Herren Golowljew. Roman. Dtsch. v. H. Moser. 60 Pf.
Tolstoy, Graf Leo, Luzern. — Familienglück. 2 Erzählungen. Dtsch. v. W. Lange. 40 Pf.
—, Anna Karenina. Roman. Übers. von H. Moser. 2 Mk. — Geb. 2 Mk. 50 Pf.
—, Kurze Darlegung des Evangeliums. Deutsch v. P. Lauterbach. 40 Pf. — Geb. 80 Pf.
—, Krieg u. Frieden. Roman. Dtsch. v. Dr. E. Strenge. 1. Bd. 1 Mk. — Geb. 1 Mk. 50 Pf.
—, Volkserzählungen. Deutsch von W. Goldschmidt. 40 Pf.
Turgenjeff, Iwan, Dunst. Dtsch. v. W. Lange. 40 Pf. — Geb. 80 Pf.
—, Erste Liebe. Dtsch. v. Lange. 20 Pf.
—, Frühlingswogen. Dtsch. v. W. Lange. 40 Pf. — Geb. 80 Pf.
—, Gedichte in Prosa. Dtsch. v. W. Lange. 20 Pf. — Geb. 60 Pf.

Verlag von Philipp Reclam jun. in Leipzig.

Turgenjeff, Lieutenant Jergunoff. — Ein seltsame Geschichte. 2 Erzählgen. Dtsch. v. W. Lange. 20 Pf.
—, Die neue Generation. Roman. Dtsch. v. W. Lange. 80 Pf. — Geb. 1 M. 20 Pf.
—, Memoiren eines Jägers. Dtsch. v. H. Moser. 60 Pf. — Geb. 1 M.
—, Punin u. Baburin. Dtsch. v. W. Lange. 20 Pf.
—, Ein König Lear der Steppe. Dtsch. v. W. Lange. 20 Pf.

Turgenjeff, Eine Unglückliche. Dt v. W. Lange. 20 Pf.
—, Der Raufbold. — Luterja. 2 (zählgen. Dtsch. v. W. Lange. 20
—, Väter und Söhne. Deutsch W. Lange. 60 Pf. — Geb. 1 M.
—, Tagebuch eines Ueberflüssig Dtsch. v. W. Lange. 20 Pf.
—, Visionen. — Der Faktor. 2 (zählgn. Dtsch. v. A. Gerstma 20 Pf.

Dygasinski, Ad., Auf dem Edelhofe. Novelle. Autorisierte Uebersetzung v. Dr. Ruhe u. A. Grabowski. 20 Pf.
Korzeniowski, Jos., Unsere Szlachta. Dtsch. v. Ph. Löbenstein. 40 Pf.
Krasinski, Sigm. Graf, Jrydion. Dtsch. v. Dr. A. Weiß. 40 Pf.
Kraszewski, J. J., Alte und neue Zeit. Dtsch. v. Löbenstein. 20 Pf.
—, Der Dämon. Novelle. Dtsch. v. Ph. Löbenstein. 40 Pf.
—, Hetmansfünden. Zeitbilb aus b. Ende des 18. Jahrh. Dtsch. v. Ph. Löbenstein. 80 Pf.
—, Jermola der Töpfer. Dorfgeschichte. Dtsch. v. Löbenstein. 40 Pf.
—, Morituri. Dtsch. v. Ph. Löbenstein. 1 M.
—, Resurrecturi. Dtsch. v. Ph. Löbenstein. 80 Pf.
Malczewski, Anton, Maria. Ukrainische Erzählung. Dtsch. v. Dr. A. Weiß. 20 Pf.

Mickiewicz, Adam, Sonette. Dt v. Peter Cornelius. 20 Pf.
—, Balladen und Romanzen. Dt v. Dr. Weiß. 20 Pf. — Geb. 60
Przyborowski, W., Die Fähnrid tochter. Roman. Dtsch. v. Dr. Ruhe. 40 Pf.
Rzewuski, Graf Heinrich, Denkwi bigleiten des Pan Severin Sopli Dtsch. v. Ph. Löbenstein. 80
Siemienski, Luc., Erzählungen. Dt v. Ph. Löbenstein. 40 Pf.
Sienkiewicz, Heinrich, Dorfgeschichten. Dtsch. v. Ph. Löbenstein. 20
—, Zersplittert. (Na marne.) A bem Kiewer Studentenleben. Dt v. Ph. Löbenstein. 40 Pf.
Swientochowski, Alex., Aus b Volksleben. Erzählungen. Dt v. Ph. Löbenstein. 20 Pf.
Zaleski, J. B., Die heilige Famil Biblische Dichtung. Dtsch. v. Zipper. 20 Pf. — Geb. 60 P

Cech, S., Novellen. Dtsch. v. Franz Bauer. 20 Pf.
—, Unter Büchern und Menschen. Erzählung. Dtsch. v. Bauer. 20 Pf.
Nemcova, Großmutter. Böhm. Landleben. Dtsch. v. A. Smital. 60 Pf.
Neruda, Jan, Kleinseitner Geschichten. Autorisirte Uebersetzung Fr. Jurenka. 60 Pf.
—, Genrebilder. Dtsch. v. A. Sm 2 Theile. à 20 Pf.
Drchlicky, Farbige Scherven. nische und sentimentale Gesch ten. Dtsch. v. Edm. Grün. 20

Joan Slavici, Die Glücksmühle. Novelle. Aus dem Rumänischen Leon Schönfeld. 20 Pf.

Verlag von Philipp Reclam jun. in Leipzig.

Köhler, Dr. Fr., Hand-Wörterbuch der englisch-deutschen und deutsch-englischen Sprache. Gänzlich neu bearbeitet v. Prof. Dr. Herm. Lambeck. 30. Aufl. Preis 6 Mk. — In halbfranz geb. 7 Mk. 20 Pf.

Köhler, Dr. Fr., Englisch-deutsches und deutsch-englisches Taschen-Wörterbuch. Geheftet 1 M. — In Bädekerband geb. 1 M. 50 Pf.

Köhler, Dr. Fr., Wörterbuch der Americanismen. Eigenheiten der Englischen Sprache in Nordamerika. Preis 2 M. 25 Pf.

Schmidt, Dr. J. A. E., Vollständiges franz.-deutsches u. dtsch-französisches Hand-Wörterbuch. Neu bearb. v. Dr. Karl Fr. Köhler. 49. Aufl. Pr. 7 M. — Geb. 8 M.

Köhler, Dr. Fr., Französisch-deutsches u. deutsch-französisches Taschen-Wörterbuch. Geheftet 1 M. — In Bädekerband geb. 1 M. 50 Pf.

Köhler, Dr. Fr., Italienisch-deutsches und deutsch-italienisches Taschen-Wörterbuch. Geheftet 1 M. — In Bädekerband geb. 1 M. 50 Pf.

Mühlmann, Dr. Gustav, Lateinisch-deutsches und deutsch-lateinisches Handwörterbuch. Zum Gebrauch für Gymnasien, Real- und höhere Bürgerschulen neu bearbeitet von Dr. Hans Windel. 30. Aufl. Ladenpreis à Band 2 M. — Geb. 2 M. 50 Pf.

Hilfsbuch, Englisch-französisch-deutsches, zur leichten und gründlichen Erlernung der Konversation in diesen drei Sprachen. 13. Aufl. Vollst. Neubearbeitung von Prof. Dr. Herm. Lambeck. Geh. 1 M. — In Bädekerband geb. 1 M. 50 Pf.

Köhler, Dr. Fr., Fremdwörterbuch. Geh. 60 Pf. — In Bädekerband geb. 1 M.

Ossig, Spanisch-deutsches und deutsch-spanisches Taschen-Wörterbuch. Geh. 1 M. — In Bädekerband geb. 1 M. 50 Pf.

Tetzner, Dr. F., Deutsches Wörterbuch. Geh. 60 Pf. — In Bädeckerband geb. 1 M.

Reclam's billigste Classiker-Ausgaben.

Börne's gesammelte Schriften. 3 Bände. Geh. 4 M. 50 Pf. — In 3 eleg. Leinenbänden 6 M.

Byron's sämmtliche Werke. Frei übersetzt v. Adolf Seubert. 3 Bände. Geheftet 4 M. 50 Pf. — In 3 eleg. Leinenbänden 6 M.

Goethe's sämmtl. Werke in 45 Bdn. Geh. 11 M. — In 10 eleg. braunen Leinenbbn. 18 M. — In 10 eleg. rothen Leinenbbn. 19 M.

Goethe's Werke. Auswahl. 16 Bände in 4 eleg. Leinenbänder 6 M. — In 4 eleg. rothen Leinenbänden 6 M. 50 Pf.

Grabbe's sämmtliche Werke. Herausgegeben von Rub. Gottschall. 2 Bände. Geh. 3 M. — In 2 eleg. Leinenbänden 4 M. 20 Pf.

Hauff's sämmtliche Werke. 2 Bände. Geheftet 2 M. 25 Pf. — In 2 eleg. Leinenbänden 3 M. 50 Pf.

Heine's sämmtliche Werke in 4 Bänden. Herausgegeben von O. F. Lachmann. Geh. M. 3.60. — In 4 eleg. Ganzleinenbbn. 6 M.

Herder's ausgewählte Werke. Herausgegeben von Ad. Stern. 3 Bände. Geheftet 4 M. 50 Pf. — In 3 eleg. Leinenbänden 6 M.

H. v. Kleist's sämmtliche Werke. Herausg. v. Eduard Grisebach. 2 Bände. Geh. 1 M. 25 Pf. — In 1 eleg. Leinenband 1 M. 75 Pf.

Körner's sämmtliche Werke. Geh. 1 M. — In eleg. Lnbb. 1 M. 50 Pf.

Lenau's sämmtliche Werke. Mit Biographie herausgeg. v. Emi Barthel. 2. Aufl. Geh. 1 M. 25 Pf. — In eleg. Lnbh. 1 M. 75 Pf.

Lessing's Werke in 6 Bänden. Geheftet 3 M. — In 2 eleg Leinenbänden 4 M. 20 Pf. — In 3 Leinenbänden 5 M.

Lessing's poetische und dramatische Werke. Geheftet 1 M. — In eleg. Leinenband 1 M. 50 Pf.

Longfellow's sämmtliche poetische Werke. Ueberset v. Herm Simon. 2 Bde. Geh. 3 M. — In 2 eleg. Leinenbänden 4 M. 20 Pf.

Milton's poetische Werke. Deutsch von Adolf Böttger. Geh 1 M. 50 Pf. — In eleg. rothen Leinenband 2 M. 25 Pf.

Molière's sämmtliche Werke. Herausgegeben v. E. Schröder 2 Bände. Geh. 3 M. — In 2 eleg. Leinenbänden 4 M. 20 Pf.

Schiller's sämmtliche Werke in 12 Bänden. Geh. 3 M. — I 3 Halbleinenbbn. M. 4.50. — In 4 eleg. Leinenbbn. M. 5.40. — 4 eleg. rothen Ganzleinenbbn. 6 M. — In 4 Halbfranzbbn. 6

Shakespeare's sämmtl. dram. Werke. Dtsch. v. Schlege Benba u. Voß. 3 Bde. Geh. M. 4.50. — In 3 eleg. Leinenbbn. M.

Uhlands gesammelte Werke in 2 Bänden. Herausgegeb v. Friedr. Brandes. Geh. M. 2. — In 2 eleg. Leinenbbn. M.

Mignet, Geschichte der französischen Revolution. Deutsch Dr. Fr. Köhler. Mit 16 Illustrationen. In eleg. Leinenband 2

Aus Philipp Reclam's Universal-Bibliothek.
Preis jeder Nummer 20 Pf.

d'Abrest, Geschichten aus der Pariser Belagerung. 959.
Achleitner, A., Geschichten aus den Bergen. 5 Bde. 2625. 2696. 2769. 2963. 3323.
Beck, Fr., Geschichte eines deutschen Steinmetzen. 1377.
Berges, Ph., Amerikana. Humoristische Skizzen. 3 Bände. 2508. 2698. 2829.
Bern, Maximilian, Gestrüpp. Novellistische Skizzen. 785.
—, Auf schwankem Grunde. Novelle. Neue Ausgabe. 3. verb. Aufl. 605.
—, Deklamatorium. 2291—2295. — Geb. M. 1.50. — Mit Goldschnitt M. 2.
—, Deutsche Lyrik seit Goethe's Tode. Neue Ausg. 951—955. — Geb. M. 1.50. Mit Goldschnitt M. 2.
Blüthgen, Victor, Die schwarze Kaschka. Novelle. 1597.
Bülau, Friedr., Geheime Geschichten u. rätselhafte Menschen. Sammlung verborgener oder vergessener Merkwürdigkeiten. 5 Bde. 2740. 2959. 3106. 3214. 3330.
Cronheim, Reinh., Fähnrichsgeschichten. 1736.
Eckstein, Ernst, Humoresken. 621. 1640.
—, Der Besuch im Carcer. Humoreske. Mit 6 Original-Illustrationen. 2340. Geb. 60 Pf.
—, Maria la Brusca. Novelle. 1721.
—, Pariser Leben. Heitere u. düstere Bilder aus der Weltstadt. 4 Bde. 740. 759. 780. 840.
Edler, Karl Erdm., Notre Dame des Flots. — Eine Glocknerfahrt. — 2 Nov. 2128.
Eichendorff, Frh. Joseph v., Gedichte (Gesamtausgabe.) 2351—2353. — Geb. M. 1. — Mit Goldschnitt M. 1.50.
—, Aus dem Leben eines Taugenichts. Novelle. 2354. — Geb. 60 Pf. — Mit Goldschnitt M. 1.20.
Franzos, K. E., Die Hexe. Nov. 1280.
Frenzel, K., Das Abenteuer. Erzählung. 1601. — Geb. 60 Pf.
—, Der Hausfreund. Novelle. 1820. — Geb. 60 Pf.
—, Die Uhr. Aufzeichnungen eines Hagestolzen. 1435.
Friedmann, A., Der Kirchenraub. — Falsche Freundschaft. Zwei Arbeiternovellen. 2260.
—, Lebensmärchen. 2 Novellen. 1250.

Friedmann, A., Der letzte Schuß. — Erzählung b. Henkers von Bologna. — Ein Kind seiner Zeit. 2871. 2872.
—, Der Todesring. — Der Venusdurchgang. Zwei Gelehrtennovellen für Ungelehrte. 2430.
—, Vertauscht. Novelle. 1037.
Gaudy, Frh. v., Aus dem Tagebuche eines wandernden Schneidergesellen. 289. — Geb. 60 Pf.
—, Ludwiga. Novelle. 376.
—, Venetianische Novellen. 941—943. — Geb. M. 1.
—, Schülerliebe und andere Erzählungen und Humoresken. 2319.
Glaser, Adolf, Schloß Kattenheim. Novelle. 1650.
Godin, A., Eine Katastrophe. Roman. 1842. 1843.
—, Die Madonna mit den Lilien und andere Erzählungen. 2087.
Gottschall, R. v., Die Adlerhexe. Erzählung. 2608.
—, Lesefrüchte. Erzählung. 2670.
—, Die zehnte Sprache. — Der Zeuglieutenant. Zwei Novellen. 2474.
—, Der Verräter. Erzählung. 2570.
Heigel, K., Das ewige Licht. Nov. 915.
—, Mosaik. Kleine Erzählungen in Prosa und Versen. 2200.
—, Der Theaterteufel. Roman. 980.
—, Die Veranda am Garbasee. Novelle. 1131.
Heine, Heinrich, Die Harzreise. 2221. — Geb. 60 Pf.
—, Der Rabbi von Bacharach. — Aus den Memoiren des Herrn von Schnabelewopski. 2350.
—, Memoiren. 2301.
—, Buch der Lieder. 2231. 2232. — Geb. 80 Pf. — Mit Goldschnitt M. 1.20.
—, Atta Troll. — Deutschland. 2261. — Geb. 60 Pf.
—, Neue Gedichte. 2241. — Geb. 60 Pf.
—, Romanzero. 2251. — Geb. 60 Pf.
Helmer, Ed., Prinz Rosa-Stramin. 2664. — Geb. 60 Pf.
Heyse, Paul, Zwei Gefangene. Novelle. 1000. — Geb. 60 Pf.
Jarz, Dr. K., Die letzten Kämpfe um die Mexikanische Kaiserkrone. 2600.
Jost, Eduard, Christlich oder Päpstlich? Historische Erzählung. 1179.

Aus Philipp Reclam's Universal-Bibliothek.
Preis jeder Nummer 20 Pf.

Katscher, Leopold, Aus England. Bilder u. Skizzen. 2 Hefte. 2020. 2189.
—, Aus China. Bilder u. Skizzen. 2256.
Kohn, Prager Ghettobilder. 1825. 1826.
Kraßnigg, Militär-Erinnerungen eines österreichischen Artilleristen. 2889.
Lenz, Philipp, Militärische Humoresken. 710. 728. 795. 850. 897. — Zuf. in 1 eleganten Leinenband M. 1.20.
Lindenberg, Paul, Berlin. 6 Bände.
1. Bd.: Bilder und Skizzen. 1841.
2. Bd.: Die National-Galerie. 1870.
3. Bd.: Umgebung Berlins. (3. Aufl.) 1919.
4. Bd.: Stimmungsbilder. 2004.
5. Bd.: Neu-Berlin. 2131.
6. Bd.: Weitere Umgebung Berlins. Potsdam u. b. Spreewald. 2553.
Lindner, Albert, Geschichten und Gestalten. 861—863.
Märzroth Dr., Lachende Geschichten. Humoristische Erzählungen u. heitere Skizzen. 4 Bde. 1266. 1304. 1418. 1599.
Meißner, Dr. L. Fl. Aus den Papieren eines Polizeikommissärs. Wiener Sittenbilder. 5 Bde. 2926. 2962. 3013. 3147. 3304. — Zus. in 1 Bd. geb. M. 1.50
Mylius, Otfrid, Das Glasmännchen. Weihnachtsgesch. für Jung u. Alt. 418.
—, Graveneck. Geschichtl. Erzähl. 366. 367.
—, Die Frau Oekonomierath. Eine Geschichte. 257. 258.
—, Die Opfer des Mammon. Eine Stadtgeschichte. 1619. 1620.
—, Die Türken vor Wien 1683. Geschichtliche Erzählung. 213. 214.
Nordau, M., Seifenblasen. Federzeichnungen und Geschichten. 1187.
Nötel, Louis, Vom Theater. Humorist. Erzählg. 1206. 1461. 1533. 1664. 1763.
Pajeken, Aus dem wilden Westen Nordamerikas. 2752. 3284.
Peschkau, Emil, Die Prinzessin. Nov. 1801.
—, Am Abgrund. Novellen. 2219.
Petersen, Marie, Die Irrlichter. 2641. — Geb. 60 Pf. — Mit Goldschnitt M. 1.20.
—, Prinzessin Ilse. 2632. — Geb. 60 Pf. Mit Goldschnitt M. 1.20.
Pötzl, Ed., Wien. 3 Bände.
1. Bd.: Skizzen. 2065.
2. Bd.: Alt-Wiener Studien. Von Eduard Hoffmann. 2101.
3. Bd.: Neues hum. Skizzenbuch. 2169.

Pötzl, Ed., Kriminal-Humoresken. 3 Bde. 1905. 1980. 2258. — Zusammen in 1 Band gebunden und illustriert M. 1.
—, Die Leute von Wien. 2629. 2630. — Geb. 80 Pf.
—, Rund um den Stephansturm. Humoresken. 2411. 2412. — Geb. 80 Pf.
Raabe, Zum wilden Mann. Erzählung. 2000. — Geb. 60 Pf.
Remin, E., Der gute Kampf. 2830.
—, Der Narr der Herzogin. 3139.
Riehl, W. H., Burg Neideck. Novelle. 811. — Geb. 60 Pf.
—, Die vierzehn Nothhelfer. Novelle. 500. — Geb. 60 Pf.
Ruppius, O., Der Pedlar. Roman a. b. amerik. Leben 1141/43. — Geb. M. 1.
—, Das Vermächtniß des Pedlars. Folge des Romans: „Der Pedlar". 1316—1318. — Geb. M. 1.
Rüttenauer, Benno, Sommerfa---- Optimistische Geschichten. 2499.
Schmidt, M., 's Almstummerl. Er a. b. bayerischen Hochland. 18£
Schönthan, F. u. P., Kleine Humor 4 Bände. 1680. 1790. 1939. 227!
—, P., Kinbermund. 2188. — Geb. 60
—, Der Kuß. Gereimtes und Un reimtes ü. b. Kuß. 2311. — Geb. 60
Schröder, W. und A., Humoresken. 7 X 451. 488. 611. 790. 1178. 1575. 27
Schubert, Friedr. Carl, Und sie ber sich doch. Roman. 1311. 1312.
Stell, B., Luftigi Thurgauer G'schid Humoresken. 2490.
—, Studentenrache u. anb. Gesch. 27
Vacano, Humbug. Eine wunderl Historie. 2321.
—, Komödianten. 2607.
Voß, R., Maria Botti. Novelle. 17(
Wichert, E., Eine Geige. — Drei Wei nachten. Zwei Erzählungen. 1970. Geb. 60 Pf.
—, Für tobt erklärt. Erzählung. 1117. Geb. 60 Pf.
—, Am Strande. Erzählung. 1227. Geb. 60 Pf.
—, Nur Wahrheit! — Sie verlan ihre Strafe. Zwei Erzählg. 1500. Geb. 60 Pf.
Wickede, Fr. C. v., Amerikanische N vellen. 909. 1234.